南スーダンに平和をつくる

——「オールジャパン」の国際貢献

紀谷昌彦
Kiya Masahiko

ちくま新書
1382

南スーダンに平和をつくる――「オールジャパン」の国際貢献【目次】

略語表

ANC	アフリカ民族会議
AU	アフリカ連合
CAMP	包括的農業マスタープラン
CCM	タンザニア革命党
CPA	包括和平合意
DSRSG	国連事務総長副特別代表
FAO	国連食糧農業機関
HC	国連人道調整官
HLRF	ハイレベル再活性化フォーラム
ICRC	赤十字国際委員会
IDMP	灌漑開発マスタープラン
IGAD	政府間開発機構
IMF	国際通貨基金
IOM	国際移住機関
IPF	政府間開発機構パートナー・フォーラム
JICA	国際協力機構
JIP	合同統合警察
JPO	ジュニア・プロフェッショナル・オフィサー
OCHA	国連人道問題調整事務所
ODA	政府開発援助
PKO	国連平和維持活動
POC	文民保護
RC	国連常駐調整官
RPF	地域保護部隊
SPLA	南スーダン国軍（スーダン人民解放軍）
SPLM／A	スーダン人民解放運動／スーダン人民解放軍
SPLM-IO	スーダン人民解放運動反主流派
SRSG	国連事務総長特別代表
SSBC	南スーダン公共放送
SSP	南スーダン・ポンド
TICAD	アフリカ開発会議
TOB	暫定的活動拠点
UNDP	国連開発計画
UNFPA	国連人口基金
UN-HABITAT	国連人間居住計画
UNHAS	国連人道支援航空サービス
UNHCR	国連難民高等弁務官事務所
UNICEF	国連児童基金
UNITAR	国連訓練調査研究所
UNMAS	国連地雷対策サービス
UNMIS	国連スーダン・ミッション
UNMISS	国連南スーダン共和国ミッション
UNOPS	国連プロジェクト・サービス機関
UNV	国連ボランティア（計画）
WFP	世界食糧計画
WHO	世界保健機関

南スーダン共和国地図

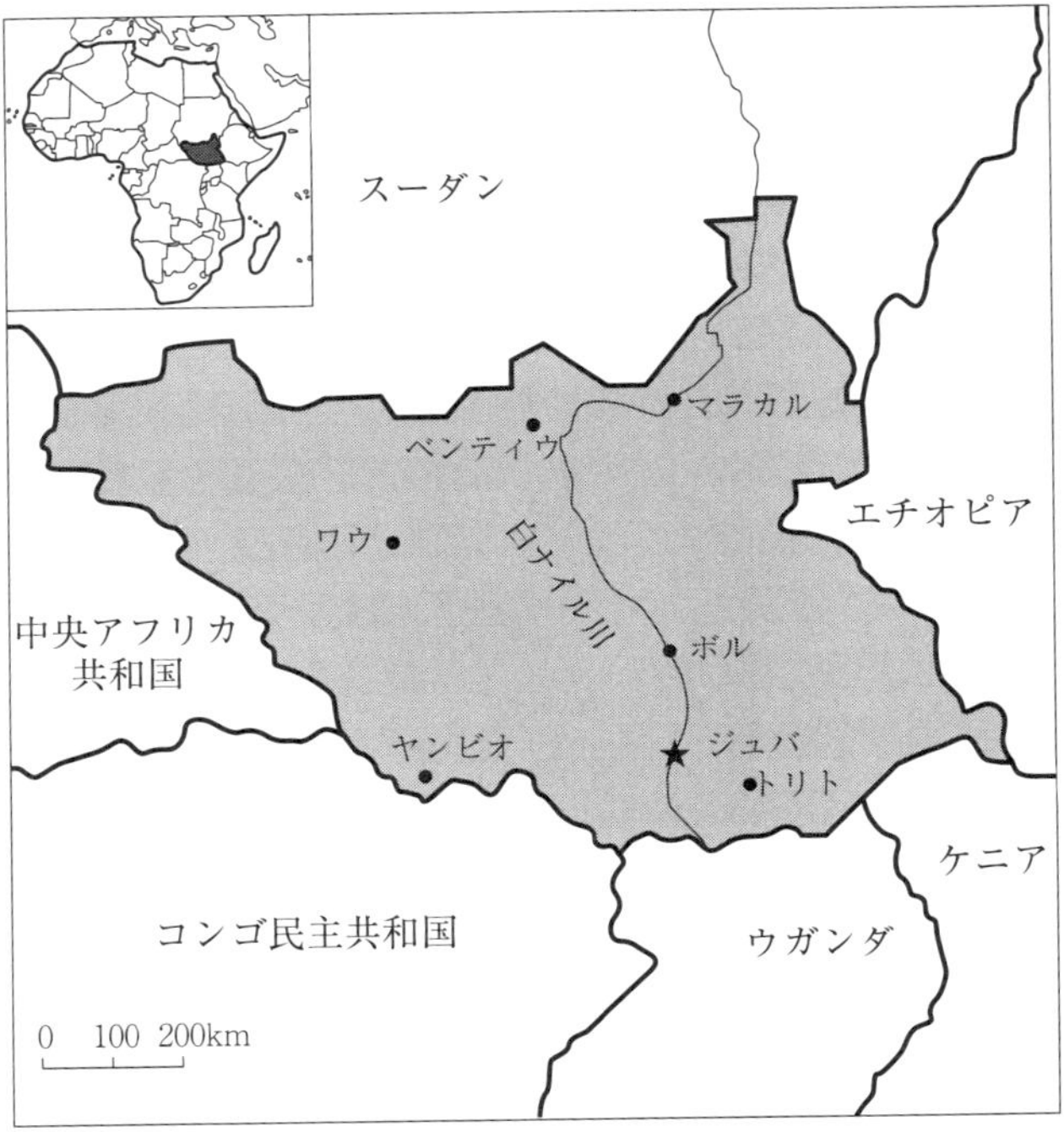
スーダン
マラカル
ベンティウ
エチオピア
ワウ
白ナイル川
中央アフリカ
共和国
ボル
ヤンビオ
ジュバ
トリト
ケニア
コンゴ民主共和国
ウガンダ
0 100 200km

はじめに——今、なぜ南スーダンの平和への貢献を考えるのか

日本は、世界の平和のために何ができるのか。そして、日本人である私たち一人ひとりは、それぞれの立場で何ができるのか。

日本は唯一の被爆国として、平和を実現するために、世界の核軍縮・核兵器廃絶に向けて取り組んできた。その重要性は、戦後七〇年以上経った今も変わらない。しかし、冷戦後の世界では、内戦や地域紛争が終結した後の各国国内での治安の改善、平和の定着と国づくりといった、いわゆる「平和構築」が喫緊の課題になっている。平和への強い思いを持つ日本とその国民は、この面で大きな役割を果たすことができるのではないか。日本は世界の主要国の一つとして、国際社会で様々な影響力を持っているのみならず、幕末・明治の近代化や第二次大戦後の復興の経験を共有し、示唆を与えることができるからだ。

南スーダンは、今の世界で、この平和構築を実現するための課題と可能性を体現する国である。一九五六年のスーダン独立に先立つ一九五五年に、スーダン内戦が始まった。一

九七二年のアディスアベバ合意で一時的に平和を回復したものの、一九八三年には内戦が再発。その後、二〇〇一年の九・一一同時多発テロ事件を契機に米国をはじめとする仲介努力が加速し、二〇〇五年には南北スーダンの包括和平合意（CPA）が署名されて、足かけ五〇年にわたるスーダン内戦が終結した。六年後には国民投票が行われ、二〇一一年七月に南スーダンが独立して第一九三番目の国連加盟国となった。面積は日本の約一・七倍、人口は日本の約一〇分の一、原油収入もある国だ。

国際社会は一致して、この新生南スーダンが平和で安定した国となるよう支援を強化した。しかし、課題は容易にはなくならなかった。独立から約二年半後の二〇一三年一二月には国内対立が深刻化し、各地で治安が悪化した。約一年半後の二〇一五年八月にようやく衝突解決合意が署名され、翌年四月に暫定政府が立ち上がったが、七月にはジュバで衝突が再発した。その後、一部の地域で不安定な治安が継続し、難民・国内避難民は合わせて四〇〇万人以上、国民の約三分の一の規模に膨れ上がっている。現在、合意の実施を軌道に戻すための取り組みが進められているが、その帰趨《きすう》は予断を許さない。

日本は、この南スーダンの平和と安定が一進一退を続ける中で、独自の貢献を着実に継続してきた。二〇〇五年の包括和平合意署名後、国際協力機構（JICA）による平和構築支援、国際機関と連携した支援、「ジャパン・プラットフォーム」の枠組の下でのNG

Oによる支援が次々と始まった。二〇〇八年からは、国連平和維持活動（PKO）の国連スーダン・ミッション（UNMIS）の司令部要員として自衛隊員も派遣された。二〇一一年の南スーダン独立後は、南スーダンに新たに設置された国連PKO、国連南スーダン共和国ミッション（UNMISS）に自衛隊施設部隊と司令部要員が派遣され、JICA、国際機関連携、NGOによる支援も継続した。自衛隊施設部隊は二〇一七年五月に撤収し、JICAによる支援の一部は現在治安の悪化のため中断しているが、南スーダンの平和構築に向けた日本の様々な支援は、南スーダン政府や国民から高く評価されている。

私は、二〇一五年四月から二〇一七年九月までの約二年半、南スーダンに日本国大使として駐在し、渡航延期勧告・退避勧告の中でも現場にいた数少ない日本人の一人として行動しながら、日本が南スーダンの平和構築に向けてどのような貢献を行ってきたのかを観察することができた。自衛隊、JICAやその事業を実施する専門家・コンサルタント・民間企業、日本と連携する国際機関や邦人職員、さらにNGOなど様々な日本のアクターが、独立直後の南スーダンの平和の定着と国づくりを支えるために大いに活躍していた。そして、私は大使館で、他の館員とともに彼らの活躍や相互の連携を下支えしてきた。

特に私の在勤期間中は、二〇一五年八月の衝突解決合意署名、二〇一六年四月の国民統一暫定政府設立、七月のジュバ衝突と在留邦人等退避、一一月の自衛隊施設部隊への新任務付与、一二月の国連安保理での武器禁輸・個人制裁強化決議案否決、二〇一七年三月の自衛隊施設部隊の撤収決定、五月の撤収完了と、現地・日本・国連の各々で大きな動きがあった。それぞれの機会に、国際社会で日本がとるべき立場や果たすべき役割について、当事者の一人として前線で多くのことを見聞きし、深く考えさせられるとともに、可能な取り組みを進めてきた。

任期を終えるにあたり、自衛隊、JICA、国際機関、NGOをはじめ、南スーダン現地での様々な日本のアクターの活躍と貢献、さらに教訓や課題を整理して、本の形で広く共有することで、今後の日本の平和構築支援のあり方を考える材料を提供したいと考えた。幸いなことに、筑摩書房をはじめ多くの方々の協力を得て、それを実現することができた。ただし、本書に記された見解は、あくまで個人の見解であり、著者の所属するいかなる組織のものでもない。

本書でお伝えしたいことを最初にとりまとめて言えば、以下のとおりである。南スーダンの問題は、基本的に南スーダン人自身が解決しなければならない。日本は欧米主要国と比べれば対南スーダン支援の金額は限られており、またアフリカの周辺諸国と比べれば南スーダン国内諸勢力を和解に導くための政治的影響力も限られている。しかし、これまで様々な関係者が、日本ならではの貢献を積み重ねることで目に見えるインパクトを与え、存在感を示している。日本として、南スーダンの人たちが各々の分野で真剣に取り組むことができるよう温かく励まし助けること、そして国際社会とともにそれが成果につながるための環境を整備することが引き続き大事である。

今後も「オールジャパン」で様々なツールを戦略的に活用すれば、南スーダンの平和と開発の双方で、大きな成果を出せるはずだ。日本だけでできることは少ないが、日本がいなければ実現しないこと、日本がいるからこそ実現できることは多い。そのような等身大の実情を、ぜひ広く日本の人たちに知ってもらいたいと思う。

＊

本書は、全七章で構成されている。

第一章では、南スーダンが直面している課題とその背景について、現地での観察と経験を踏まえて説明したい。南スーダンは、独立は果たしたものの、政府部内で諸勢力が反目し合い、政府から反主流派勢力が離脱して、治安の悪化を招く結果となった。

第二章では、国際社会により、南スーダンの政治プロセスがどのように推進されてきたのか、その中で日本が国連安保理や南スーダン現地と連携して、どのような役割を果たしてきたのかを見ていく。

第三章では、国連平和維持活動（ＰＫＯ）の役割と、その中での自衛隊施設部隊・司令部要員や日本人の文民職員の活躍について説明する。

第四章では、国際社会による開発支援の取り組みと、その中でJICAによるインフラ整備・制度構築・人材育成支援が果たしてきた役割について説明する。

第五章では、国際社会による人道支援の取り組みと、日本と国際機関との連携による人道から開発への移行支援や制度構築・人材育成支援が果たしてきた役割について取り上げる。

第六章では、国際NGOや現地NGOによる様々な活動と、その中でジャパン・プラットフォームやその傘下の日本のNGOがどのような貢献を行ってきたかを説明する。

第七章では、特に危機管理を取り上げる。平和構築支援においては、安全性の確保と緊急対応が課題である。二〇一六年七月のジュバ衝突と国外退避の経験を通じて、安全確保の課題に対処する上で何が重要なのかを述べたい。

第一章

南スーダン問題の構造
——現場の視点から

ワウ市の文民保護地区の子供たち（大使館撮影、2017年8月24日）

南スーダンが直面する課題と、その背景にはあるものは何か。本章では、私が南スーダン現地に到着してから、首都ジュバや国内各地で見聞きしたことを踏まえ、南スーダンの将来を不確かなものとしている主要な課題・リスク要因として、国内諸勢力の和解・統合、国際社会との協力、そして経済の安定化の三つがあることを説明したい。そして、それらの課題が生まれた歴史的背景についても付言する。

1　現地で見た南スーダン

†首都に降り立つ

二〇一五年四月二七日、私は第二代の駐南スーダン日本国大使として、首都ジュバに降り立った。東京からバンコク、ナイロビ経由の長旅だ。暑い日差しが照り付けるジュバ国際空港には、民間機に加え、国連や赤十字国際委員会、国際NGOの飛行機やヘリコプターが数多く駐機され、頻繁に出入りしている。空港の駐車場にある自動車も、多くは国際機関や国際NGOのランドクルーザーだ。出迎えに来た館用車に乗り、大使館事務所・館員宿舎が仮入居している小さなホテルに五分ほどで到着した。その日の夕刻には、オランダのナショナル・デー・レセプションが開催されたので早速駆け付け、南スーダン政府要人や国連PKO・国際諸機関の幹部、各国大使と挨拶して外交活動がスタートした。

前年の秋、ベルギー在勤時に、職場から南スーダン赴任の打診があった。当時南スーダンは、日本が国連PKOに自衛隊部隊と司令部要員を派遣していた唯一の国で、JICAや国際機関連携の平和構築支援も行っていた。私は以前、外務省から防衛庁／省に二回出向し、航空自衛隊の運用やカンボジアPKOへの自衛隊派遣支援、在日米軍基地の施設整備に携わった。外務本省では国際平和協力室長として、当時の麻生太郎外務大臣による平和構築政策スピーチの作成や平和構築人材育成事業立ち上げに関わった。米国ワシントンDCやバングラデシュ在勤時には開発協力や援助協調、特に途上国支援の現地機能強化に取り組んだ。大使としては相当若輩であったが、これまでのPKOと政府開発援助（ODA）の実務を担当した経験を最大限に生かす機会であり、ありがたくお受けした。

二〇一五年三月にベルギーから帰国し、発令をはじめ一連の手続きを進めるとともに、帰国した前任者の赤松武大使から引継ぎを受けた。赤松大使は、南スーダン独立翌年の二〇一二年夏にジュバ事務所長として着任し、二〇一三年夏に初代大使として発令を受けて、計二年半ジュバに在勤した。二〇一三年一二月に政治危機が発生した際には在留邦人の国外退避オペレーションを指揮した。その経験を踏まえ、大使館の体制強化や安全対策、危

機内から見たジュバ市（筆者撮影、2015年４月27日）

機管理を中心に様々なアドバイスを受けた。

そして、ジュバに到着。当時、大使館は「パーム・ツリー・ホテル」に仮入居していた。大使と館員九名、内閣府国際平和協力本部事務局の連絡調整員二名の計一二名がホテルの一・二階の各部屋に住み、三階の大使館事務所と一階の連絡調整員事務所で勤務する体制となっていた。到着翌日に南スーダン外務省に信任状写しを提出し、大統領への信任状捧呈式を待ちながら、各国大使・国際機関事務所長への挨拶回りを始めた。

大使として最初に考えたのは、大使館としての基本方針を策定し、内外に発信することである。大使館の日本語・英語ウェブサイトに、大使の挨拶として以下のようなメッセージを掲載した。

大使館の仕事は、独立して間もない南スーダンと日本との関係を、両国と世界のために、あらゆる面で強化すること。そのためにやるべきことは多いが、当面は次の三点を重視する。

第一に、日本の強みを生かした貢献。日本の自衛隊、JICA、NGO、企業は、インフラ開発や人材育成、人間の安全保障の推進など、南スーダンの平和構築・開発に大いに役立つ様々なノウハウやリソースを持っている。南スーダン政府や各国、国際機関との連携・協力のもと、これらを最大限に活用して、着実に成果を上げていきたい。

第二に、内外への情報発信と人的交流。様々なメディアを通じて、南スーダンの人たちに日本の貢献や良い点を一層理解してもらうこと、そして日本の人たちに南スーダンの現状、将来性や課題、日本への評価や期待について知ってもらうことは、お互いの関係をさらに発展させる基盤になると確信している。そのためにも、幅広い分野での人的交流を拡大することが重要だ。

第三に、安全対策と危機管理。日本と南スーダンの関係を強化していくためには、在留邦人や来訪者の安全確保が不可欠だ。治安状況の改善を受けて、二〇一四年一〇月には渡航制限を一部緩和し、ジュバでのODA事業が再開された。今後、様々な支援やビジネスを着実に拡充できるよう、治安状況を十分に把握して情報を提供するとともに、緊急時の対応に万全を期したい。

大使館は、日本の方々、そして日本に関心を持つ南スーダンの方々に対するサービス機関だ。「開かれた大使館」として、日本と南スーダンの関係強化に向けて、皆様と一緒に頑張りたい。

着任一カ月後の五月二七日には、大統領官邸で信任状捧呈式が行われた。独立して四年も経ていない国でありながら、外務省や大統領府の儀典局、警察のエスコート隊、軍の儀《ぎ》仗《じょう》隊などが整斉《せいせい》と出迎えや式典を執り行っており、新しい国としての気概を感じた。

その後、全ての閣僚に表敬訪問を行い、各々の考えに耳を傾けた。多くの閣僚から、最近工事開始に至ったナイル架橋（フリーダム・ブリッジ）事業やジュバ上水道整備事業、そして国連PKOへの自衛隊派遣とその活動を高く評価するとの声を聞いた。

†地方を回る

着任後、早い時点から心がけたのは、できる限り地方を回ることである。日本は、二〇

ワウ文民保護区の子供たちと（大使館撮影、2017年８月24日）

一一年の南スーダン独立前から、ＪＩＣＡ、ＮＧＯ、そして国際機関との連携による支援を各地で展開していた。しかし、二〇一三年一二月の政治危機で在留邦人が国外退避してからは、安全上の制約のため、ＪＩＣＡや日本のＮＧＯによる支援活動は原則としてジュバに限定されることとなった。その一方で、日本は国際機関と連携して新たに約七〇億円規模の人道支援を南スーダン国内各地で実施することを決定したばかりだった。新任大使として、この大規模な人道支援の効果を確認するとともに、我が国が行っていることを南スーダン国民に知ってもらい、またそれを日本国内でも認知してもらうためには、現地に足を運ばなければならないと強く感じた。

結局、地方出張は、二年半で二二回に上っ

た。二〇一五年四月末に着任してから年末までの約八カ月間で九回、年が明けてから二〇一六年七月上旬のジュバ衝突までの約六カ月間で六回、衝突後に体制がもとに戻った二〇一七年一月から九月の離任までの九カ月間で七回。衝突の影響で動けなかった半年間を除けば、ほぼ月一回のペースになる。

地方に出張するメリットは、各地の実情がわかることに加えて、日本の前向きな姿勢を現地の人々に見せられることだ。大使自ら各地に赴くことで、真剣さが伝わる。出張の大部分は、日本が国際機関と連携して行う支援事業の視察や関連行事への出席である。テレビ・ラジオ・新聞の取材チームが同行・現地参加し、明るいニュースとして大きな扱いで報道される。南スーダンの閣僚や政治家、官僚や有識者は、不安定な政治状況の下で自らの運命に影響を与えるものとして、特に毎晩のテレビ・ニュースをよくフォローしている。実際、南スーダンの人たちから「この前出張に行っていたね」と話しかけられることが多かった。日本の大使が地方に足繁く通っていると認知されるのは、日本への評判を高めることにもなるし、話題も増える。

もちろん、短時間訪問するだけなので、見聞きできることは限られるが、首都で想像するのと現場に身を置いて体感するのとは大違いである。実際の人道支援の大部分は地方の前線で実施されている。南スーダンの面積は日本の約一・七倍ある。現場を訪れることは、その地方がどの程度落ち着いているのか、あるいは武装警備が厳重で緊張しているのか、道路や施設が整備されているか、物資が出回っているかなど、国情を理解する上で大いに役立つ。

また、州知事や郡長とも現地で直接会って話すことで、彼らの考え方や問題意識がわかる。パイナップルが州の紋章になっている農産物の豊富なヤンビオ、独立の起点となった歴史に誇りを持つトリト、一〇万人以上が住む巨大な文民保護サイトが広がっているベンティウ、北東国境近くでスーダン難民のキャンプがあるマバン、貧しいものの部族対立がほとんどなく安定しているアウィールなど、都市ごとに様々な特徴や共通点もわかってくる。

南スーダンのジュバ以外の地域は治安状況の予測や対応が困難であることなどから、二〇一三年一二月の治安情勢悪化以降、日本政府として退避勧告地域に指定してきた。しかし、日本はそのような地域でも国際機関などと連携して支援を実施しており、場合によっては国際機関の邦人職員も在勤している。そのため、国連や治安機関から事前に情報収集し、現地を短時間訪問するために治安状況に問題がないことを確認した上で、可能な限り訪問して広報や情報収集、意見交換を行った。

†様々なアクター

南スーダンは独立して南スーダン人の国となったが、独立後も不安定な時期が続き、国際社会からの支援に多くを頼っている。このため、南スーダンの実情と将来を考える上では、南スーダンに影響を与える様々なアクターを視野に入れる必要がある。

最も重要なのは、南スーダン人自身である。国内には六四民族が存在していると言われている。最も多いのが北西部中心のディンカ族、次が北東部中心のヌエル族で、さらに北中央部のシルク族、南部のザンデやバリをはじめとするエクアトリア諸民族など、国民のアイデンティティの多くは歴史的経緯もあって民族に根差したものである。これらの民族に即して、また一部は民族横断的に、政治・武装集団となり合従連衡《がっしょうれんこう》も形成されて、相互の対立は時として実力行使につながる。また、例えばディンカ族といってもその内部で様々な系統があり、相互に対立することも多い。

国際社会の中で、この国に最も深く関与しているのが、政府間開発機構（ＩＧＡＤ）と各加盟国である。現在エチオピアが議長国で、その他には、南スーダンと国境を接するウガンダ、ケニア、スーダンに加え、ジブチ、ソマリア、エリトリア、そして南スーダンもメンバーとなっている（なお、コンゴ民主共和国、中央アフリカ共和国は南スーダンと国境を接しているが、ＩＧＡＤのメンバーではない）。特にエチオピア、スーダン、ウガンダ、ケニアは、それぞれ南スーダンとの関係で利害関係が異なり、南スーダンの内政に関与して不安定化させる力を持つ一方、南スーダンが不安定化した場合には、難民流出や経済の悪化などによる悪影響を受ける立場にあり、一致団結して南スーダンの平和実現に尽力する力学も働いている。ＩＧＡＤ事務局はジブチにあるが、平和安全保障局はエチオピアの首都アディスアベバに置かれている。

その外側に、アフリカ連合（ＡＵ）がある。ＡＵは「補完性の原則」を掲げており、南スーダンの平和と安全保障の問題については対応を一義的にはＩＧＡＤに委ねているが、ＩＧＡＤが内部対立などにより南スーダンの平和に実現に向けて十分な努力をしない場合には、ＡＵ自ら役割を果たす必要があると認識されている。また、南アフリカの与党であるアフリカ民族会議（ＡＮＣ）や、タンザニアの与党であるタンザニア革命党（ＣＣＭ）は、南スーダンの与党・政府軍であるスーダン人民解放運動／スーダン人民解放軍（ＳＰＬＭ／Ａ）と歴史的なつながりがあり、ＳＰＬＭ再統合プロセス（アルーシャ・プロセス、ムセベニ・プロセス）に関わってきた。さらに、ナイル川の水利権をめぐりエチオピアと対立関係にあるエジプトも、ＳＰＬＭ再統合プロセスに関わり始めるなどの動きを見せた。

さらに大きな枠組が国連である。ただし国連といっても一枚岩ではない。まず安保理が、平和と安全に主要な責任を持ち、国連PKOであるUNMISSの派遣を司《つかさど》っている。その枠組の中で、国連事務総長の下にいる国連事務総長特別代表（SRSG）が、UNMISSの運用を指揮している。また、人道・開発担当の副特別代表が国連人道調整官（HC）・国連常駐調整官（RC）を兼務して、現地の国連諸機関の人道・開発支援を統括している。それとは別に、アディスアベバにはスーダン・南スーダン担当国連事務総長特使がおり、政治面での役割を担っている。

その一方で、先進国の中では米国、英国、ノルウェーの三カ国、いわゆる「トロイカ」が、歴史的経緯もあり、本国に特使を置いて、仲介努力など政治プロセスの支援や人道支援をリードしている。またEUも、人道状況への深い関心や、難民などを通じた欧州への悪影響への懸念などから、同様にEUの本部に特使を指名し、トロイカと緊密に連携している。

そして中国は、スーダンに投資・開発した油田が、南スーダン独立後は南スーダン領となったことから、この国と深く関わることになり、北京にいるアフリカ担当の特使がトロイカと連携しながら対応している。またイタリアは、歴史的にエチオピアと深い関わりがあることから、エチオピアとともにIGADパートナー・フォーラム（IPF）の共同議長国となり、日本を含むIPF加盟国・機関を束ねてIGADを支えるという役回りで、政治プロセスに関与している。

以上のように、南スーダンに関わる国際的アクターは多重の入れ子構造になっており、いわば「船頭が多い」状態である。かつ、政治的に中核となり仲介努力を担っているIGAD、それを後押しするAUと、財政的にIGADやAUの関連活動を支え、国連安保理や国連事務局に対して強い影響力を持つトロイカとEU、特に米国との間に、多かれ少なかれ温度差があり、時々の状況により緊張関係が生じることもあるのが実情である。そして、いかなるアクターも、この力学の中で物事を進めていかなければならない。

2 南スーダンの三つの主要課題

†政府と反政府諸勢力の和解と国民統合の推進

このように内外に多くのアクターがいる中に身を置いて、様々な問題に取り組んでいるうちに、結局のところ問題解決のために何に目配りをしなければならないか、という「勘所」がわかってきた。

第一の課題でありかつ最も重要なことは、南スーダンの政府と反政府諸勢力が和解し、敵対行為を停止し、相互に協力して国民統合を推進することである。

現在、政府が国内を基本的に掌握している一方で、反政府勢力を支持する住民が多い地域も未だに一部残っている。政府と反政府諸勢力は、ＩＧＡＤが主導する枠組のもとで、和解に向けて話し合いを進めている。しかし、政府が反政府諸勢力の受け入れられないような強硬路線で押し切ろうとした場合や、反政府諸勢力が政府の受け入れないような法外な権力配分の要求に固執した場合には、政府と反政府諸勢力が合意できない結果となり得る。

合意が達成できない場合には、政府が実力で自らの立場を押し通そうとし、反政府諸勢力が実力でそれを妨害しようとする可能性が高まり、国内各地で治安が悪化に向かうリスクが生じる。ＩＧＡＤが、政府と反政府諸勢力の双方と十分に話し合うことで、双方が納得して受け入れられるような合意を実現することが必要である。

ただし、ＩＧＡＤ主導の枠組に参加している政府や反政府諸勢力の当事者が合意しただけで、国内の和解や国民統合がすべて達成されるわけではない。これまで、国内の各地方で不満を持っている青年武装勢力と話し合い、不満に対処する形で政府の枠組の中に取り込んでいくプロセスが、例えばボル・ディンカ族（南スーダン東部のジョングレイ州ボル付近に住むディンカ族の一部）とムルレ族（同じくジョングレイ州に住む少数民族）の間、ボル・ディンカ族とムンダリ族（南スーダン南部に住む少数民族）の間、ディンカ族内、さらには西エクアトリア地域（南スーダン南西部）などで進められている。現地の青年武装勢力と直接話し合い、その不満に対処することが、国内の治安改善にとって極めて重要である。

†南スーダンと国際社会との協調

第二の課題は、南スーダンの政府や反政府諸勢力と国際社会との関係を良好に保ち、国際社会から南スーダンへの様々な支援を継続できるようにすることである。逆に、国際社会との対立が先鋭化し、南スーダンに対する国際社会の支援が大幅に減少することになれば、南スーダンが不安定化し、治安・経済・人道状況が悪化に向かうリスクが高まるだろう。

米国をはじめとするトロイカ、さらにEUは、南スーダン政府による攻撃ヘリなどの大型兵器調達、反政府諸勢力に対する敵対行為、人道支援に対する非協力的態度に極めて批判的である。これに対し、南スーダン政府は「スーダンから自らを守るため武器調達は不可欠であり、反政府諸勢力へは自衛のための反撃を行っているに過ぎない。人道支援は危険地域での不慮の事態を避けるために制約せざるを得ない」などの反論を行っている。

これまで米欧は、IGADやAUを通じての対話や圧力で、南スーダン政府の態度変更を迫ることで良しとしてきた。しかし、平和促進に向けた十分な進展が見られない場合には、IGADやAUの立場にかかわらず米欧が各種制裁などを強化し、その厳格な実施に向けてIGADやAUへの圧力を強めることで、南スーダン政府と、IGADやAUとの間の相互不信や対立が高まるおそれがある。このような対立への動きを緩和していくことが、南スーダン情勢を安定的軌道に乗せる上で重要である。

なお、二〇一八年七月、安保理で対南スーダン武器禁輸及び個人制裁強化の決議が賛成九票、棄権六票の僅差で採択された（採択には最低九票必要）。ただし、米国などは現在進展中の政治プロセスの行方を注視しており、南スーダン政府はそれに反発しているものの冷静に対応している。このような動きが、南スーダン政府と国際社会の対立の先鋭化につながらないよう注意する必要がある。

†経済の安定

第三の課題は、経済の安定を確保することである。仮に、政府と反政府諸勢力の交渉をうまく進め、かつ国際社会との対立を回避できたとしても、政府の収入が滞って治安機関をはじめ政府諸機関に必要な資金が回らなくなり、また南スーダン・ポンド（SSP）の価値が大幅に下落してインフレが起きた場合には、国民の生活が逼迫《ひっぱく》して犯罪が増加し、治安が悪化することになりかねない。

南スーダンの経済動向は、現時点では政治・治安状況とかなり連動しているが、国際原油市場、国際通貨基金（ＩＭＦ）との協議にも左右される。またジュバのような大都市と地方では経済の状況やインパクトが異なるので、様々な観点から注視する必要がある。

いずれにせよ、基本的な方向性としては、国庫収入の大半を占める原油収入を透明化して安定化するとともに、公共財政管理を適切に行い、通貨価値を維持することが重要である。

3　南スーダンの歴史

†スーダンの軛《くびき》

ここで、南スーダンが現在のような状況に至った経緯を振り返ってみたい。

スーダン北部は、かつてヌビアと呼ばれた地であり、エジプトとの関わりははるか昔の紀元前四〇〇〇年紀頃まで遡る。ヌビアはエジプトの支配下に置かれた時期もあったが、紀元前一八〇〇年頃から一五〇〇年頃にはヌビア人によるクシュ王国が栄え、紀元前七世紀にはヌビア人の王たちがエジプトを征服して支配下に置く時期もあった。その後、ヌビア人は少し南下して紀元前六世紀にメロエ王国を築いたが、紀元四世紀には北エチオピアの新興国アクスムに滅ぼされた。メロエ王国の崩壊後に後を継いだノバティア・マクリア・アルワ三王国の下では、約一〇〇〇年にわたりキリスト教が広まったが、一三世紀以降イスラーム教徒の勢力が徐々に伸長し、一六世紀にスーダン北部でフンジ王国、ダルフール地方にダルフール王国が成立して、イスラームが広く浸透することとなった。

スーダン南部については、時代を遡っての記録はあまり残されていない。紀元一〇〇〇年以降、ヌエル人、ディンカ人、アザンデ人、バリ人などが次々と移住し、特にシルク人は一七世紀に王権を発展させた。しかし、南部のアフリカ系民族は、北部アラブ系民族による奴隷狩りの対象となっていた。

一八二〇年、オスマン帝国のエジプト総督ムハンマド・アリー太守が、フンジ王国を征服してスーダン北部をオスマン帝国に併合し、「オスマン帝国下のエジプトによる統治の時代」が始まった。エジプト武装商人は、スーダン南部で奴隷及び象牙《ぞうげ》貿易を推進したが、エジプト軍の進軍は、大湿地帯スッドや地元の抵抗に遭って順調には進まなかった。

このエジプト支配に反発し、一八八一年、スーダン人の指導者ムハンマド・アフマドが、自らを「マハディ（救世主）」と称して武装蜂起した。いわゆる「マハディの乱」である。「アンサール（支持者）」と自称する支持者の軍はスーダン全土を制圧し、一八八五年にはハルツームを陥落させた。ムハンマド・アフマドはその半年後に病死したが、後継者たちはマハディ政権を継続した。その後、アフリカ進出を狙う英国は一八九八年にホレイショ・ハーバート・キッチナー将軍を送り込み、同将軍が率いる英国・エジプト軍が同年にマハディ政権を倒した。

翌一八九九年から、「英・エジプトによるスーダン共同統治の時代」が始まった。その後英国は、一九二二年から南北スーダンの分断政策を打ち出し、南部スーダンを「閉鎖地区（closed districts）」として南北の交流を制限した。これは、奴隷貿易の廃止を徹底し、イスラーム教の南部への浸透を防ぐとともに、エジプトとスーダンの独立運動が南部に波及することを防ぐ意味合いもあった。言語面でも、南部では英語や現地語が推奨される一方、アラビア語は抑制された。南部では宣教師が教育を担ったが、北部と比べて十分に高い水準とはならなかった。経済開発の面でも、南部では政府の取り組みが遅れていた。このような教育・経済格差の容認・放置が、その後の課題を大きなものとした。

その間、北部スーダンでは一九三〇年代に独立運動が始まり、一九三八年にハルツーム大学（ゴードン・カレッジ）の同窓会会議が結成され、一九四二年に意見書を英国人総督に提出した。その意見書は、第二次大戦後の自治とともに、南部スーダンの北部スーダンとの統合を要求するものであった。

第二次大戦後、英国政府はそれまでの南北分断政策を見直し、南部スーダンを北部スーダンと統合する方向に政策を転換した。その理由として、北部スーダンや（ナイル川流域を確保したい）エジプトからの圧力に加え、南部スーダンの教育の遅れから開発や自治には北部スーダンの人材が不可欠であること、東部アフリカ植民地が南部スーダンの併合に消極的だったことなどが挙げられる。

そして、一九四七年のジュバ会議で、南部スーダンの「閉鎖地区」指定を廃止し、南部スーダンから北部スーダンの議会に議員を送ることとなった。両スーダンの統治機構が統合され、南部スーダンの自治の要望は退けられた。その後、一九五四年には英国・エジプトからスーダンへの政府ポスト移譲が始まったが、南部スーダンの政府職員には北部スーダン出身者が多数指名され、南部スーダンの不満と緊張は高まっていった。

そのような状況を背景に、一九五六年のスーダン独立に先立つ一九五五年、ジュバ東方にある南部の主要都市トリトで、南部スーダン出身の軍・警察幹部が自治を求めて武装蜂起し、「第一次スーダン内戦」が始まった。その後、南部政治勢力はスーダン・アフリカ民族同盟（SANU）を形成し、武装勢力は一九六三年に「アニャニャ（毒蛇）」と通称されるゲリラ活動に発展した。南部政治・武装勢力は一時分裂した後、一九七〇年にジョセフ・ラグ将軍の下で南スーダン解放運動（ＳＳＬＭ）に統合し、エチオピア皇帝ハイレ・セラシエ一世の調停により、一九七二年にスーダンのニメイリ政権とアディスアベバ合意を締結し、内戦を終結させた。

これにより、一九七二年から南部の自治が開始された。難民が帰還し大学や各種インフラの整備が始まるなど平穏な時期が訪れた。現在のジュバにも、官庁街、ジュバ大学、職業訓練センターなど、この頃建造された施設がいくつか残っている。しかし、南部諸勢力間の権力闘争・内部対立は徐々に深刻化していった。その中で、ニメイリ政権は一九八三年に南部を三州に分割し、さらにシャリア法のスーダン全土への適用を宣言して、南部スーダンから強い反発を招き、南北の対立が先鋭化して抜き差しならない状況に至った。

一九八三年、南部ディンカ族出身のジョン・ギャラン大佐がボルで反政府勢力を組織し、エチオピアに移動して「スーダン人民解放運動・スーダン人民解放軍（ＳＰＬＭ／Ａ）」の設立を宣言した。これが「第二次スーダン内戦」の起点である。ＳＰＬＭ／Ａは「アニャニャ２」など南部の主要武装勢力を統合してスーダン国軍を南部から駆逐し、八〇年代後半には大きな勢力となった。

しかし、一九八九年にスーダンで成立したバシール政権による工作や、ＳＰＬＭ／Ａを

「ハゲワシと少女」（ピューリッツァー賞受賞作、© Kevin Carter/Sygma via Getty Images、1993年）

支援していたエチオピアのメンギスツ軍事共産主義政権の崩壊などにより、SPLM／Aは分裂した。ジョン・ギャランやサルヴァ・キールが主流派（トリト派）として抵抗を継続する一方、一九九一年にリアク・マシャールやラム・アコルらの非主流派（ナシール派）は反旗を翻し、スーダンのバシール政権との和平交渉を開始した。その後、アフリカ統一機構（OAU）やIGADによりいくつかの調停が試みられたが成功に至らず、南部スーダンの政治・武装勢力の分裂は継続した。

二〇〇一年九月一一日の米国でのテロ事件は、和平交渉に転機をもたらした。米・英・ノルウェーの三カ国（トロイカ）はIGADによる調停を強く後押しし、南部では二〇〇二年にジョン・ギャランとリアク・マシャールが和解した。二〇〇五年一月、ケニアのナイバシャで、ターハ・スーダン副大統領とジョン・ギャランSPLM/A代表の間で、南北包括和平合意（CPA）が署名され、二二年間にわたる「第二次スーダン内戦」は終結した。

†包括和平合意から独立まで

CPAは、六つの議定書と二つの履行計画で構成される。署名後半年間の準備期間に続き六年の暫定期間を定め、南部の暫定自治を認めて国民統一政府（GONU）と南部スーダン政府（GOSS）を設立し、「一つの国家、二つのシステム」を導入する。そして、「統一を魅力的にすること」、「南部の自治権を尊重すること」の二大基本精神の下で、民主的制度を構築しようとするものである。二〇一一年には南部及び（南北間にある）アビエで住民投票を実施し、統一を維持するか、または分離独立かを選択することを規定している。

二〇〇五年七月九日にハルツームで、バシール大統領により暫定新憲法制定及び国民統一政府宣誓式典が開催された。その場でジョン・ギャランSPLM代表が第一副大統領兼南部スーダン政府大統領に就任した。その三週間後の七月末、ジョン・ギャラン第一副大統領は、初の外遊先のウガンダ訪問の帰途、悪天候の中でヘリコプター事故により死亡した。翌月、サルヴァ・キールSPLM副議長が後継者として就任した。

故ジョン・ギャラン第一副大統領は、統一スーダンの実現を志向していたが、サルヴァ・キール新第一副大統領は、南スーダンの独立を志向していた。その後六年間、南北スーダン間の相互不信は容易に拭われず対立が続く一方、一部で危惧されていたようにバシール大統領が南スーダン独立を妨害する動きに出ることはなかった。結局、二〇一一年一月に住民投票が予定どおり実施されて南部スーダン人約三八五万人が投票し、九八・八三パーセントが南スーダン独立賛成に票を投じて独立が決定した。半年後の二〇一一年七月九日、首都ジュバで、キール大統領、バシール大統領及び世界各国・国際機関代表の列席のもと、南スーダン独立記念式典が成功裏に開催された。

†独立はしたものの

独立後の道のりは、必ずしも容易なものではなかった。独立自体は認められたが、スーダンとの間では、アビエの国境画定などをはじめとする諸問題は解決していなかった。二〇一一年一二月にスーダン政府が南スーダン産原油を差し押さえたことに対抗して、翌二〇一二年一月に南スーダン政府は原油生産を停止した。

さらに、二〇一五年に予定されていた次期選挙に向けて、独立まで封印されていた与党

SPLM内の権力争いが顕在化してきた。二〇一三年七月、キール大統領はマシャール副大統領をはじめとする主要閣僚を汚職などの理由で更迭《こうてつ》し、エクアトリア（南スーダン南部）出身のジェームス・ワニ・イッガ国民議会議長を副大統領に指名した。同年一二月六日、SPLM内の非主流派政治家が記者会見を行い、近日中に政治集会を行う旨発表した。一二月一四日からSPLMの主要決定機関である国民解放評議会（NLC）が開催されたが、これらの非主流派政治家は出席したものの途中で退席した。

二〇一三年一二月一五日、首都ジュバ市内で、大統領警護隊内で衝突が発生し、戦車を含む治安部隊が展開した。キール大統領はマシャール氏がクーデターを企図したと発表し、それに対し、ジュバから逃れてSPLM／A－IO（In Opposition）を立ち上げたマシャール氏は、クーデターの意図を否定した上でキール大統領を厳しく非難した。ジュバ市における騒乱は各地に拡大し、ジョングレイ州、ユニティ州及び上ナイル州を中心に政府軍（SPLA）と反主流派軍（SPLA－IO）との間で衝突事案が発生し、一時はこれら三州の州都が反主流派の影響下に置かれるなど対立が継続した。IGADが調停に乗り出し、両者の停戦合意とその実施に努力したが、合意のたびに違反が繰り返され、なかなか解決には結びつかなかった。スーダンから独立したにもかかわらず、大量の国内避難民と難民が発生し、国内の人道状況は大幅に悪化し、一部地域の治安は再度不安定化した。私が南スーダンに赴任したのは、その頃であった。

第二章

政治プロセス
——国内と国際社会の取り組みの双方を後押し

衝突解決合意の署名（UNMISS、2015年8月26日）

南スーダンに平和をもたらす鍵は、政府から袂《たもと》を分かった反政府諸勢力が、再び政府とともに国づくりを進められるよう、和解を実現することである。平和は、政治プロセスなしには実現しない。

本章では、まず、国際社会が南スーダンの政治プロセスをどのように推進してきたのかを概観する。その上で、日本が国連安保理と南スーダン現地の双方でどのような役割を果たしていたのか、特に、南スーダンの主体的取り組みと国際社会の仲介努力の双方を後押しする独自の貢献をどのように行ってきたのかを見ていきたい。

1 南スーダンの平和実現に向けての国際的な取り組み

†衝突解決合意の成立

二〇一五年四月末に私が着任した当時、二〇一三年一二月に発生した、キール大統領率いる南スーダン政府とマシャール前副大統領率いるＳＰＬＭの反主流派（ＳＰＬＭ－ＩＯ）の対立状況を解消するため、ＩＧＡＤによる調停作業が進められている最中であった。ＩＧＡＤの首席調停官は、セイヨム・メスフィン・エチオピア元外務大臣（現中東担当首相特使）で、交渉は主にアディスアベバで行われ、米・英・ノルウェーのトロイカはその交渉プロセスを財政的に支援していた。南スーダン国内各所で衝突が続き国内避難民の発生が長期化する中で、アディスアベバの高級ホテルでの交渉は長引くばかりで合意に至らず、フラストレーションが高まっていた。

南スーダン政府は、エチオピアと米国が主導するIGAD調停に対する不信感を持っていた。タンザニア与党のタンザニア革命党（CCM）は、二〇一三年一二月の政治危機の発端はSPLM内の分裂でありこれを解決すべきとの考えから、南アフリカ与党のアフリカ民族会議（ANC）とともに、政府・SPLM主流派（IG）、反主流派（IO）、元被拘束者グループ（FD）の三者の仲介に動き、キクウェテ・タンザニア大統領、ラマポーザ南アフリカ副大統領、IGAD各国首脳の臨席の下で、二〇一五年一月二一日にSPLM再統合合意（アルーシャ合意）の締結を実現していた。南スーダン政府はこれを受けて、IGAD調停よりもアルーシャ合意の実施に注力することこそが平和の回復につながるとの主張を始めていた。

私の赴任前の三月に、国連防災会議出席のため訪日していたイッガ副大統領と会った際も、イッガ副大統領はこのアルーシャ合意の重要性を力説していた。しかし、エチオピアや米国からは、南スーダン政府が自分に有利な条件を勝ち取るための「フォーラム・ショッピング」の戦術に過ぎないと受け止められていた。

そのような中で、七月九日に独立四周年記念式典が市内中心部のフリーダム・スクウェアで開催され、私も外交団の一員として臨席した。その場でキール大統領は、「南スーダン人自身の手による平和実現」を着実に進めたい旨を表明した。主賓としてウガンダのムセベニ大統領が招かれ、「南スーダン人の間での争いは兄弟げんかのようなものであり、国全体の利益のために即座にけんかをやめるべきである」と述べた。また、同式典には、国民から広く尊敬されるパウリーノ・カトリック大司教も招かれ、敵対行為がなくならない現状についてキール大統領に反省を求める発言を行った。

このような南スーダン政府の反発は、長くは続かなかった。七月、バラク・オバマ大統領はスーザン・ライス国家安全保障担当補佐官とともにナイロビ経由でアディスアベバを訪問し、七月二七日にはIGAD主要国首脳・AU委員会委員長との会合を開催して、IGADが南スーダンの国内対立を解消する合意を早期に実現するよう、ハイレベルでの働きかけを行った。

その過程で調停は急速に進展し、七月下旬にはIGADが裁定する形で、「国民統一暫定政府」の設立とその中での政府・SPLM主流派（IG）、反主流派（IO）、元被拘束者グループ（FD）、その他政党グループ（PP）の四者の権力配分（具体的には閣僚・州

オバマ米大統領とIGAD主要国首脳・AU委員会委員長との会談（米大統領府、2015年7月27日）

知事・国民議会議員・州議会議員数の割り振り）に関する規定を盛り込んだ「南スーダン衝突解決合意案」を公表した。若干の調整の後、八月一五日にアディスアベバで署名式が行われた。権力配分や治安部門の規定振りは、政府から見ればＩＯなどが実態よりも相当有利なものとなっており、キール大統領は署名式ではイニシャルのみ記して、ジュバでさらに協議する必要があると表明した。

しかし、これに最終的に署名しない場合には国際社会からの制裁などが見込まれることから、八月二六日にジュバの国際会議場（フリーダム・ホール）で、キール大統領は一方的な留保宣言を発表しつつ、涙を流しながら署名した。その場には、ＩＧＡ

D諸国からエチオピア首相、ケニア大統領、ウガンダ大統領、そして私も含め外交団が臨席した。

この一連のプロセスを現地でフォローして感じたことは、「アメリカが本気になり、周辺のIGAD諸国が一致団結した場合には、南スーダン政府はそれに従わざるを得ない」ということである。ただし、その合意を真の平和の実現につなげるためには、南スーダンの全当事者による誠意ある実施が必要である。実際、この衝突解決合意は、翌年七月のジュバ衝突で試練に直面し、その後「再活性化」(後述)が必要となった。

†国民統一暫定政府の設立

この衝突解決合意の署名で、南スーダンに平和が戻るという希望が多くの人たちにより共有された。その後、遅々としたプロセスではあるが、ジュバの治安枠組に関するワークショップが九月にアディスアベバで開催され、一一月には内容が合意され、一二月にはIOの先遣隊がジュバに到着し、翌二〇一六年一月には政府・IO・FD・その他政党グループ間の具体的な閣僚ポストの割り振りが合意された。その後、警護隊の同行などについて若干の押し問答が行われた後、二〇一六年四月二六日にマシャール氏がジュバに到着し、第一副大統領として宣誓した。

国民統一暫定政府の新閣僚宣誓式（UNMISS、2016年４月29日）

新しい国民統一暫定政府は、四月二九日に全閣僚の宣誓式を行い、五月から閣議を開催して動き始めた。ＩＯやＦＤ、他政党の閣僚は、これまで政府と対立してジュバの外にいた人たちだったので、私は一人ひとりに挨拶回りをした。マシャール第一副大統領にも初めて挨拶し、フリーダム・ブリッジやジュバ上水道整備事業などの最新状況について説明を行った。これらの新閣僚は、会ってみるとそれぞれ豊富な政治経験を持っている人たちだと感じられた。また、この内閣は、まさに衝突解決合意に従って成立した正統性を持っており、うまく機能すれば米国も含めて国際社会からの支援が期待できるものであった。

しかし、国民議会議長の選考方法などをめぐり、政府とＩＯは閣内で対立した。難しい課題は、キール大統領、マシャール第一副大統領、イッガ副大統領の三人の会合で議論されることとなった。IO出身の閣僚は、マシャール第一副大統領の下に集まって方針をすり合わせ、まるで「閣内の内閣」のような様相を呈し始めて、国民統一暫定政府がどのように機能し得るのかが試される状況になっていた。

✝ジュバ衝突以降の展開

二〇一六年七月七日夜、ジュバ市グデレ地区での政府軍・IO部隊要員間の衝突が発生した。これを発端に、両者の衝突は市内各所に拡大し、ジュバの治安は大幅に悪化した。マシャール第一副大統領はジュバから逃走したが、大部分のIO閣僚はジュバに残る決断をした。七月下旬に、マシャール第一副大統領の懐刀《ふところがたな》で衝突解決合意のIO首席交渉官を務めていたタバン・デン鉱業大臣が、マシャール氏の後任として第一副大統領に就任し、IOに割り振られた閣僚ポストの再割り振りを行った。これに対し、逃走中のマシャール前第一副大統領は、ジュバに残ったIO閣僚をすべてIOから罷免する旨表明し、IOは事実上マシャール派とタバン・デン派に分裂した。

ここで、タバン・デン第一副大統領をIO代表として評価するのか、またキール大統領、タバン・デン第一副大統領の下での国民統一暫定政府を正統なものとして認めるのかが、国際社会の対応として争点となったが、結局、国民統一暫定政府の正統性について国際社会が真正面から疑義を唱えるような事態には至らなかった。

ＩＧＡＤは当初、介入部隊（Intervention Force）の構想を模索したが、南スーダン政府から強い反発を受け、結局、ＵＮＭＩＳＳの一部としての四〇〇〇人規模の地域保護部隊（Regional Protection Force、ＲＰＦ）の形成に協力するとのスタンスに落ち着いた。それに従って、八月一二日に国連安保理でＲＰＦの展開を含むＵＮＭＩＳＳのマンデート（委任統治）が採択された。これに対し、南スーダン政府は、マシャール派がジュバから逃走した新たな状況下ではそもそもＲＰＦの必要性はないと主張し、当初非協力的姿勢をとった。さらに、国連安保理での動きを受けて、ジュバでは強硬派市民団体により〝UNMISS go home!〟のデモが組織され、ＵＮＭＩＳＳ前で示威行動を行った。

このような中、米国は、ＲＰＦの展開により、空港を政府と国連で共同管理することが極めて重要であるとの立場を主張した。九月初頭にはサマンサ・パワー米国連大使を団長とする安保理ミッションがジュバを訪問し、安保理の断固たる態度をキール大統領、マーティン・エリア・ロムロ内閣担当大臣（安保理担当）に伝達した。

結局、一一月下旬に至り、南スーダン政府はＲＰＦの無条件受け入れを表明し、一二月二三日に米国が提案した対南スーダン武器禁輸・個人制裁強化決議案は否決された。

南スーダン政府は、一二月一四日、新たな国民統一暫定政府の下で平和を実現するために、国民対話を行うことを発表した。

†ハイレベル再活性化フォーラムへ

二〇一七年に入り、アントニオ・グテーレス国連事務総長が就任し、UNMISSのトップを務める国連事務総長特別代表（SRSG）もエレン・ロイ女史からデイビッド・シアラー氏に交代となり、南スーダン政府との関係で新しい取り組みを進める機運が生まれた。

一月二九日、アディスアベバでのAU総会時に、グテーレス国連事務総長、ドラミニ＝ズマAU委員長、ハイレマリアムIGAD議長による会合が開催され、政治的解決に向けてコナレAU南スーダン担当特使のシャトル外交を促す共同声明が発表された。さらに、六月一二日にアディスアベバでIGAD首脳会合が開催され、疎外されている勢力（estranged groups）も参加する形で、衝突解決合意の実施を推進するためのハイレベル再活性化フォーラム（HLRF）を開催する旨のコミュニケ（声明書）が採択された。

一二月にはアディスアベバでHLRF第一回会合が開催されて政府及び反政府諸勢力の幅広い関係者が出席し、敵対行為停止合意に署名した。二〇一八年二月及び五月にも引き続きアディスアベバでＨＬＲＦ会合が開催され、暫定的な権力配分や治安枠組、選挙に向けての段取りなどについて、ＩＧＡＤの調停の下で協議が行われた。さらに、関係者はスーダンのハルツームで、六月二七日に恒久的敵対行為停止を含む包括的な内容の「ハルツーム宣言」に合意し、八月五日には新たな暫定政府の体制に係る未解決問題に関しても合意した。九月一二日にはアディスアベバで周辺諸国首脳臨席の下、関係者は「再活性化された衝突解決合意」に署名し、今後の進展に期待が持たれている。

2　国連安保理と南スーダン現地での日本の役割

†ＮＹ・東京・ジュバの連携

このような動きの中で、日本はどのように関与し、またそれが変化していったのかを説明したい。

当初、日本はＩＧＡＤの調停プロセスからは一歩引いていた。二〇一三年一二月の政治危機によりジュバなどで衝突が起きた直後は、敵対行為停止の履行監視のためのメカニズムである停戦暫定治安措置メカニズム（ＣＴＳＡＭＭ）に拠出を決め、当初の機能確保に大きく貢献した。しかし、その後はアディスアベバを中心とした政府とＩＯ、ＦＤなどのＩＧＡＤによる調停作業が極めて複雑かつ専門的な作業であることから、調停作業自体はＩＧＡＤやトロイカなどに委ね、日本としては、南スーダンへの人道・開発支援や国連ＰＫＯへの協力といった現場での協力に注力することとした。二〇一五年八月の衝突解決合意についても、事前の案文交渉に関わることはなかった。

衝突解決合意の実施については、履行を監視するための合同監視評価委員会（ＪＭＥＣ）で、パートナー国にはトロイカ各国やＥＵ、中国に各一議席が割り振られている一方、その他諸国が広く参加するＩＧＡＤパートナー・フォーラム（ＩＰＦ）への割り振りも一議席であり、ＩＰＦ参加国の役割は同議席を通じての関与に限定されていた。同議席は、ＩＰＦ内での協議の結果、カナダとオランダが交互に務めることとなった。

しかし、二〇一六年一月から日本が安保理入りする中で、政治プロセスにおける日本の役割も、より大きなものとなっていった。岸田文雄《ふみお》外務大臣は二〇一五年一〇月一六日、安保理非常任理事国選挙当選に際して、以下のとおり述べている。

「我が国は、安保理において国際の平和と安全に関わる幅広い課題に積極的に貢献していきます。具体的には、国連平和維持活動（ＰＫＯ）及び中東・アフリカ地域などの平和と安全に資する国連の平和構築への取り組みに対する積極的貢献、我が国の平和と安全に直結する北朝鮮情勢についての対応等に取り組んでいきます。安保理改革に関しては、安保理を、国連加盟国が大幅に増大した現在の国際状況に合わせて、拡大、改革していくことは急務です。我が国が非常任理事国として最多の一一回目となる安保理入りを果たし、非常任理事国として国際の平和及び安全に貢献することは、我が国が新規常任理事国候補として相応しいことを示す機会ともなります。改革推進派との連携を強化し、改革実現に向け前進していきます。」

二〇一六年一月から、国連・AU・IGADの連携のもと、南スーダンでの調停努力が進む中で、私は現地の動向をニューヨークの国連日本政府代表部や本省に逐一伝え、一層積極的に情報を共有するよう心がけた。さらに、国連で南スーダンについて議論が行われる際には、事前に南スーダン現地での最新動向や留意点をフィードバックした。

安保理制裁をめぐる動き

そのような中で、同年七月にジュバ衝突が発生した。在留邦人とともに館員の大部分が国外退避し、大使館の体制は基本的に大使、警備担当官と官房担当官の三名に縮小され、現地の情勢のフォローと報告はもっぱら大使の私が行うこととなった。八月の安保理決議で地域保護部隊（RPF）四〇〇〇名の増員が決定された後は、その早期展開が最大の課題となった。

八月一二日の安保理会合で、日本の別所浩郎《こうろう》国連大使はRPFの展開が南スーダンの安定に大きく貢献するものであることを強調し、その展開に際しては南スーダン政府とも調整が行われること、そしてUNMISS要員に対する攻撃やハラスメントは決して受け入れられないことも述べた。

私はこの安保理での日本のステートメントを手に、南スーダン政府の主要閣僚を往訪し、RPFの展開に反発するのでなく受け入れることが南スーダン政府にとっても得策であることを訴えた。関心を持つ新聞記者を往訪して日本の立場を説明したところ、翌日の同紙一面トップに「なぜ日本はジュバへの地域保護部隊の展開を支持するのか」と題する記事が写真入りで掲載された。当時、南スーダン政府や一部国民に、RPFの展開は欧米や周辺諸国の差し金で、それによって南スーダンの独立が脅かされるのではないかとの懸念が存在していた。日本がRPFの展開を明確に支持し、その理由を丁寧に説明することで、国際社会と南スーダン政府や一部国民の対立の先鋭化を防ぐのに役立ったのではないかと感じた。

九月初頭に安保理ミッションがジュバを訪問した際には、ミッション団長のサマンサ・パワー米国連大使とマーティン・エリア・ロムロ内閣担当大臣の間で共同声明が出され、

安保理ミッションのジュバ訪問。キール大統領の案内でパワー米国連大使、岡村日本国連次席大使他が大統領官邸を視察（UNMISS、2016年9月2日）

南スーダン政府が安保理決議に従ってRPFを受け入れることが確認された。同ミッションには、日本から岡村善文《よしふみ》国連次席大使が同行した。

しかし、その後のRPF受け入れのための要員入国・装備品搬入のための諸手続きは遅延した。その結果、米国は武器禁輸を科し、個人制裁を強化するための安保理決議案提出に向けての検討を始めた。安保理による制裁は、その後のUNMISSと南スーダン政府の信頼・協力関係に悪影響を与えかねないものである。私は現地の日本国大使として、南スーダン政府に一歩先んじて前向きな措置を取らせるべく、南スーダン政府関係者への働きかけを行いつつ、外務本省と国連代表部、そして外交団と緊密な連絡・調整を進めた。

一一月一七日、ニューヨークで南スーダン情勢に関する安保理会合が開催された。米国は武器禁輸・個人制裁の決議案を遠からず配布すると表明し、英・仏は武器禁輸を支持すると述べた。日本の別所国連大使は、UNMISSの要員が安全に有意義な業務ができる環境が確保されることが重要であり、南スーダン政府に対して国連への一層の協力を強く求めた。

†南スーダン政府との外交努力

一一月一七日の安保理会合の後、安保理の武器禁輸・個人制裁強化はより現実味を帯びてきていた。国連と南スーダン政府の対立を回避するためには、南スーダン政府が地域保護部隊（RPF）の無条件受け入れを明確に表明することが鍵となった。その時点で、南スーダン政府はRPFの標準装備品の一部（ヘリコプターなど）についてはさらなる精査が必要との留保を付しており、これが安保理に報告されれば、RPFの展開に対する妨害と認定される恐れがあった。

このため、私は当初予定していた一時帰国日程を遅らせて、一一月二三日にはタバン・デン第一副大統領、二四日午前にはクオル・マニャン国防大臣を往訪し、RPFの無条件受け入れの重要性を訴えた。さらに、第二次世界大戦で、日本が国際社会に背を向けた結果、厳しい敗戦を経験したことを説明しつつ、あくまで南スーダンの主権国家としての判断ではあるが、南スーダンが国際社会との対立を先鋭化させる選択肢ではなく、日本を含む国際社会と協力して平和実現への道を歩む選択肢を選ぶことを期待すると訴えた。マニャン国防大臣からは、同日午後の閣議で本件を検討するとの応答があった。

一一月二四日夕刻、南スーダン外務省から外交団に対して、内閣府で緊急のブリーフィングを開催したい旨の連絡があった。行ってみると、ロムロ内閣担当大臣、マニャン国防大臣などの主要閣僚が待ち構えており、先刻開催された金曜日午後の定例閣議でRPFの無条件受け入れを決定した旨の説明が行われ、私は心から安堵した。後刻、同内容は南スーダン政府と国連の間で文書により確認され、当面の問題は解決された。これを確認して、私は一時帰国した。

一二月に入り、米国はそれでも南スーダン政府の対応に問題があり、状況を改善する必要があるとして安保理理事国への働きかけを継続した。日本は、一二月七日に岸田外務大臣がキール大統領と電話会談を行い、国連への全面的な協力を要請したのに対し、キール大統領からは、南スーダンの平和の実現に向け最大限努める、岸田大臣の期待を裏切るようなことはないとの応答があった。

米国のパワー国連大使は、一二月二三日の安保理会合で武器禁輸・個人制裁強化決議案を採決に持ち込み、その結果、賛成七票、棄権八票で否決された。採択には九票必要なので、二票不足していた。賛成したのは米、英、仏、ニュージーランド、スペイン、ウクライナ、ウルグアイで、棄権したのはロシア、中国、アンゴラ、エジプト、セネガル、ベネズエラ、マレーシア、日本であった。

日本の別所国連大使は、棄権に際しての投票理由説明で、南スーダン政府がＲＰＦの無条件受け入れを表明していること、キール大統領が国民対話構想を発表していることから、国際社会としてもこの進展を見極めるべき旨を指摘した。安保理制裁により国際社会と南スーダン政府の対立が深刻化する事態は、ひとまず回避された。

3　国民対話と衝突解決合意実施への貢献

✝政治プロセス関与への決意

しかし、日米が共に重視するアフリカにおける平和と安定の問題について、日本が安保理で米国と異なる投票態度の表明を余儀なくされる事態は、決して望ましいものではなかった。そもそもこのような事態が生じた背景には、日本が南スーダンの政治問題について、米国をはじめとするトロイカ諸国やＩＧＡＤ諸国と南スーダン政府の間の調整に委ね、積極的な関与を控えてきたことの影響もあったのではないか。南スーダンの平和を推進するためには、日本として、ＰＫＯやＯＤＡを通じた貢献だけでは不十分であり、政治プロセスも含めて積極的に関与していく必要があると認識された。

日本が政治プロセスで貢献する方策については、二〇一六年七月のジュバ衝突以降、南スーダンの政府関係者や市民社会、そして国際機関の意見を聴取していた。その中で明らかになったのは、第一に、二〇一五年八月の衝突解決合意で十分に配慮されていなかったエクアトリア人（南スーダン南部の諸民族）の参画を何らかの形で一層確保することが必要という点、第二に、衝突解決合意だけでは、地方レベルでの様々な民族・コミュニティ間の対立を解決するには不十分であり、この解決には別途の手当てが必要という点であった。

二〇一六年七月のジュバ衝突で敗走したマシャール第一副大統領は、南方にあるコンゴ民主共和国に到達するまでに、エクアトリア人の反政府諸勢力の蜂起を促した。政府軍がそれを力で抑え込もうとする中で、地元住民の反発を招き、エクアトリア地域の地元住民と政府軍の間の対立と不信感が高まった。これを背景に、同年の秋にかけて、部族間の対立・緊張につながった。一一月には、女性団体のイニシアティブにより、ディンカ・ヌエル・エクアトリア三主要民族の長老会による和解会議が首都ジュバで開催され、決議が採択されるという動きも生まれた。私はこのような取り組みを何らかの形で支援できないかと考え、ジュバで関係者を往訪し、対話を進めた。

†国民対話支援

その頃、南スーダンの有識者・シンクタンク・市民社会は、南スーダン自身の平和実現のための取り組みとして国民対話構想を議論し始めていた。政府関係者もこれを支持し、一二月一四日、キール大統領は国民対話プロセスの開始を宣言するに至った。この動きについても、日本は現地で構想を推進する関係者の考えを直接聴取していた。

米国をはじめとするトロイカ、欧州諸国や、反政府諸勢力など南スーダン人の一部は、この国民対話構想に対して、政府主導の見せかけの姿勢ではないかとの強い猜疑心《さいぎしん》と不信感を持っていた。しかし、それまでの関係者からのヒアリングを踏まえれば、キール大統領のイニシアティブとして打ち出された国民対話は南スーダンの国内融和に有益であり、むしろこれを後押ししつつ、反政府諸勢力にも国民対話が開かれたものとなるよう政府の政策改善を促すことこそ、南スーダンの安定実現のために有効な方策であると思われた。

そこで、日本は国民対話支援に向けて布石を打ち始めた。強い猜疑心と不信感を持つトロイカ、欧米諸国に対しては、国民対話支援は、政府に反政府諸勢力を包摂する国内融和を促す上で有益と考えられる旨を説明した。

その後、一二月一九日に、国民対話運営委員会の委員名簿が発表された。同名簿は、一九七〇年代の南部スーダン指導者などの高齢者が幹部として名を連ね、その中にはディンカ族強硬派、ディンカ長老会の理論的指導者と見られていたボナ・マルワル氏が書記に指名され、委員数は約一〇〇名に上り運営上の困難が予想されるなど、様々な課題が見受けられた。しかし、ボナ・マルワル氏をはじめ委員として指名された関係者と個別に会合を持つ中で、キール大統領の政治的思惑如何《いかん》にかかわらず、国民対話は南スーダンにとって有益であるという思いを強くした。

特に、国民対話プロセスの信頼性を高めたのは、副書記にフランシス・デン氏が指名されたことである。彼はもともと南北スーダン間にあるアビエ地方の名家出身の研究者で、国連の避難民担当事務総長特別代表や南スーダン国連大使を務め、退官後はニューヨークに在住していた。それが、キール大統領の指名により国民対話運営委員会の幹部に就任し、その後、国民対話プロセスの理論的支柱として実務を担っている。

また、もともと南スーダンの国民対話構想を発案し唱道していたルアル・デン氏（元世界銀行職員でエボニーセンター〔南スーダンの経済シンクタンク〕所長）が国民対話運営委員会事務局長に就任したことも、国民対話の信頼性と実務能力を高めるものであった。そして、別のシンクタンク（スッド研究所）所属のアブラハム・アウォリッチ氏は事務局財政部長に就任し、「能吏《のうり》」として国民対話の円滑な実施に大いに貢献した。

二〇一七年に入り、日本は国連開発計画（ＵＮＤＰ）とともに、「国民対話が包摂性を高めるための支援事業」を一〇〇万ドル規模で立ち上げた。これと並行して、ドイツはベルクホーフ財団を通じて、他国における国民対話の実績と教訓をとりまとめた「国民対話ハンドブック」を作成し、南スーダン関係者もワークショップに招待する支援を行った。また、国連本部は政務局仲介ユニットの専門家を派遣し、国民対話に対する知的支援を行う可能性の検討を始めた。国連はシアラーＳＲＳＧの下、ＵＮＤＰのみならずＵＮＭＩＳＳを含む国連全体として、国民対話に協力する体制を取った。

五月二二日、国民対話運営委員会委員の宣誓式が国際会議場（フリーダム・ホール）で行われ、国民対話準備作業が開始された。日本、ドイツ、ＵＮＤＰは定期的に会合を持ち、国民対話運営委員会の取り組みを側面支援するための調整を行った。また、七月に開催された国民対話運営委員会セミナーには、国連政務局やドイツ財団他の専門家を講師として派遣し、開会式や閉会式でも日本・ドイツ大使とＵＮＤＰ事務所長が揃って出席して挨拶を行うなど、後押しする姿勢を明らかにした。

さらに、日本はＵＮＤＰとともに、市民社会や障がい者の国民対話プロセスへの参画を促すセミナーを開催し、市民社会向けの「国民対話ガイドブック」も出版したり、国民対話で自由な議論が行われるよう、国民対話運営委員会は、政治犯が釈放されることを重視し、政府への働きかけを行った。日本とドイツも、国民対話の成功に向けて、政治犯の釈放を政府に働きかけ、多くの政治犯の釈放を実現した。

トロイカやＥＵなども、国民対話運営委員会関係者と意見交換を行うようになり、国民対話がハイレベル再活性化プロセスを補完する意義を持つことを徐々に理解するようになった。

南スーダン自身の発案による国民対話プロセスが、国際社会の一定の理解を得つつ、有意義な形でここまで進展し、国内の草の根の参画と和解に貢献していることは、日本の支援がなければ実現しなかったものである。

†衝突解決合意の再活性化支援

国民対話支援と並行して、衝突解決合意の実施のための支援についても、日本として検討を進めた。その一つとして、日本がＡＵの平和安全保障分野で行っている支援を南スーダンでも活用する可能性を追求した。ＡＵ平和安全保障委員会事務局及び在南スーダンＡ

アディスアベバでのハイレベル再活性化フォーラム第1回会合開会式。中央奥及びテレビ画像はハイレマリアムIGAD議長／エチオピア首相（筆者撮影、2017年12月18日）

U事務所と調整した結果、二〇一六年七月のジュバ衝突後停滞していた南スーダンの治安部門改革・憲法策定関連委員会の検討作業に、日本のAU支援の一部を振り向けることとした。

さらに、衝突解決合意の再活性化プロセスの支援についても検討を始めた。二〇一七年一二月の衝突解決合意のハイレベル再活性化フォーラム（HLRF）第一回会合には、すでに日本に帰任して外務省アフリカ部参事官・アフリカ開発会議（TICAD）担当大使に就任した私が日本代表として出席し、HLRFプロセスへの支持を表明した。

また、二〇一八年二月のHLRF第二回会合には、私の後任者の岡田誠司駐南スーダン日本国大使が出席して、ＨＬＲＦ実施を支援するための三六〇万ドルの支援を表明した。

これにより、政府・反政府諸勢力の権力配分や治安部門改革、選挙準備などのＨＬＲＦプロセスと、国内の草の根の和解のための国民対話の双方について、日本が深く関与して成功に導くための道筋が敷かれた。日本の貢献として、自衛隊の部隊・個人派遣やＪＩＣＡ、国際機関、ＮＧＯを通じた支援は大きな役割を果たしてきたが、今後はこのような政治プロセスの支援を通じて、対立が先鋭化したり軌道を外れたりすることのないように、しっかりと後押ししていくことが重要と考える。

第三章

国連PKO
――自衛隊のインパクト

UNMISSピースフェアにて、ジュバ大学学長が田中仁朗第11次隊長にサッカー場整備の感謝状を手交（大使館撮影、2017年3月2日）

本章では、南スーダンに展開している国連PKOである国連南スーダン共和国ミッション（UNMISS）の活動の中心が、国づくりから文民保護に移行する中で、政府との協力関係を保ちながら地方も含めて持続的な治安改善を確保することが課題となっていることを説明したい。そして、日本の自衛隊施設部隊がUNMISSの活動や南スーダンの開発のために、自らの比較優位を生かした大きな役割を果たしてきたこと、また司令部要員や文民の邦人職員も、国連の中にあって日本と連携しながら南スーダンの平和の実現に貢献していることも、具体的な事例を挙げながら伝えたい。

1　国連PKOの意義と課題

†国づくりから文民保護へ

スーダンには、二〇〇五年に包括和平合意（CPA）が署名された後、その履行支援のために国連スーダン・ミッション（UNMIS）が派遣されていた。二〇一一年七月の南スーダン独立を機に、このUNMISが終了し、新たに国連南スーダン共和国ミッション（UNMISS）が派遣された。UNMISSの任務は、当初、南スーダン政府が新たな独立国として国づくりを進めることを側面支援するというものであった。

しかし、二〇一三年一二月、ジュバをはじめ各地で衝突が発生して反主流派が離反し、国内避難民がUNMISSの宿営地に保護を求めるようになった後は、UNMISSの任務は、政府の活動を支援するというよりも、文民保護が主たるものとなった。安保理決議により派遣要員数も引き上げられた。

私が着任した二〇一五年四月には、UNMISSは兵員約一万一〇〇〇名、警察約一〇〇〇名、文民職員約一〇〇〇名の規模で全国一〇州の拠点に展開し、各地の文民保護サイトの運営、治安の維持と人道活動の支援にあたっていた。

UNMISSは、首都ジュバでは、市内南部にあるUNハウス地区と、空港に隣接したトンピン地区の二つを宿営地としていた。UNハウス地区には、UNMISS代表を務める国連事務総長特別代表（SRSG）と政務担当の副特別代表（DSRSG）、軍事司令官（FC）が本部を置き、大部分の部隊が駐留している。UNハウス地区に隣接して、約四万人が居住する文民保護（POC）地区が設置され、UNMISSはその安全確保と治安維持も担当している。トンピン地区には、ジュバ国際空港に隣接する地の利を生かして、航空支援部隊をはじめ一部部隊が駐留している。自衛隊施設部隊もトンピン地区に宿営地を置いていた。なお、人道・開発担当の副特別代表（DSRSG）は、市内中心部の国連開発計画（UNDP）宿舎地区に住み、UNMISS本部をはじめ、国連人道問題調整事務所（OCHA）やUNDPなど各所で勤務している。

日本国大使館、特に日本国大使の重要な仕事は、UNMISS代表であるSRSGとの十分な連絡を保つことである。私が赴任前に明石康《やすし》氏を挨拶に訪れた際、明石氏からはカンボジアと旧ユーゴの国連PKOでSRSGを務めた経験を踏まえて、SRSGと直接電話で連絡できる関係を保つようアドバイスを受けた。このアドバイスは、二〇一六年七月のジュバ衝突の際に大いに役立った。

UNMISSの初代SRSGは、ノルウェーの元開発大臣のヒルデ・ジョンソン女史であった。スーダン和平問題にも長年関わっていたが、二〇一三年一二月の政治危機の後、キール大統領との関係が厳しくなる中で、二〇一四年七月に離任した。その後、当時の経験を『南スーダン――独立から内戦までの秘話』（未邦訳）という本にまとめている。

後任のSRSGには、デンマークの元国連大使のエレン・マーガレット・ロイ女史が二〇一四年九月に着任した。二〇〇八年から二〇一二年までリベリアの国連PKO（UNMIL）でSRSGを務めたことをはじめ幅広い経験を持つ重鎮である。二〇一五年八月の衝突解決合意の署名、二〇一六年四月の国民統一暫定政府の設立、七月のジュバ衝突とその後の対応など激動の時期に、巨大な部隊を擁する国連の現地責任者として、安定した指導力を発揮していた。

ロイ女史は二〇一六年末に離任し、三代目のSRSGとしてデイビッド・シアラー氏が二〇一七年一月に着任した。同氏は就任当時五七歳と若いながらもニュージーランドの野党党首を務め、イラクやレバノンで国連の人道支援活動に従事した経験があるなど、政治・外交・人道面で大きな課題に直面している南スーダンのSRSGとして適任者であった。着任早々、UNMISSの目的は、南スーダンに平和を実現して撤収することであると表明。南スーダン政府指導部と友好・協力関係を構築し、毎週一回地方を訪問するとして全国各地のUNMISS部隊や南スーダン国民との交流を深めるなど、エネルギッシュな活動振りであった。

SRSGの下には、二人の国連事務総長副特別代表（DSRSG）がいる。私の在任期間中は、政務担当のDSRSGはムスタファ・スマレ氏というマリ人であった。UNDPでの勤務が長く、直前にはコンゴ民主共和国で人道・開発担当のDSRSGを務めていた。ニューヨークのUNDP本部ではアフリカを担当し、アフリカ開発会議（TICAD）関係で訪日経験もある日本シンパだ。

人道・開発担当のDSRSGは、当初トビー・ランザー氏というイギリス人だったが、南スーダン政府の政策をツイッターで公に非難したため「ペルソナ・ノン・グラータ（国外退去処分)」を受けて離任し、後任として、ガーナ人のユージン・オウス氏が着任した。同じくUNDPの経験が長く、今度は南スーダン政府との協力関係は比較的良好だったが、人道支援の多くを拠出する欧米支援国・機関からは、政府に対する働きかけが十分でないとして必ずしも評判が良くはなかった。

軍事司令官は、最初はエチオピア人のヨハネース・テスファマリアム将軍であったが、一年ほどしてケニア人のジョンソン・オンディエキ将軍に交代した。しかし、着任直後に二〇一六年七月のジュバ衝突が発生し、その際の文民保護の対応が十分でなかったとして責任を問われ、ほどなく更迭された。後任者には、ルワンダ人のフランク・カマンジ将軍が就任した。その下の参謀長には、英国とノルウェーが交互に要員を派遣していた。

†政府との関係構築

現地で実感するUNMISSの役割は、国際社会の安全な活動のよりどころを提供することである。政府との難しい関係、反政府諸勢力の存在、衝突の危険性の中でも、国際社会の要員として安心して活動できるよりどころとなる。そして、UNMISS周辺にいる一般市民に同様の安心を提供するのみならず、さらに遠方の各地に展開する人道支援活動の基盤を提供し、平和実現に向けての政治プロセスを支援する役割も担っている。

ただし、ＵＮＭＩＳＳが効果的に文民保護、人道支援、政治プロセス支援といった活動を展開するためには、南スーダン政府及び政府軍との信頼・協力関係が不可欠であるとも感じた。純粋に軍事力でいえば、南スーダンの政府軍など武装要員数は全国で数十万人とはるかに多い。南スーダン全土の治安を回復して国民の安全を確保し、人道物資を安全に届けるためには、南スーダンの政府軍をはじめとする治安部門と緊密に連携して、その規律と能力を向上させることにより、ＵＮＭＩＳＳとの連携を確保する必要がある。逆に、政府軍などと対立してしまえば、数で劣勢のＵＮＭＩＳＳは機能することも困難になる。

したがって、ＵＮＭＩＳＳが果たすべき重要な役割は、政府の治安部門やその上の政治指導部との信頼・協力関係を深め、いわば触媒として機能することを通じて、自らだけでは決して達成することができない南スーダン全土の治安回復に向けての基盤を形成することではないかと感じた。

私の在任中も、ＵＮＭＩＳＳが政府軍と協力して空港の安全を確保することや、二〇一六年七月のジュバ衝突後に増派されることとなったＵＮＭＩＳＳ地域保護部隊（ＲＰＦ。四〇〇〇名規模でジュバ安定化を任務とするが、当初南スーダン政府は受け入れに消極的だった）のジュバ市内での展開場所をどの地区にするかをめぐって、ＵＮＭＩＳＳと南スーダン政府の間での厳しい交渉が行われていた。

このような交渉・対話を抜きに、国際社会や安保理の考えを強要することも時には必要かもしれないが、UNMISSの任務全体の成果を高めていくためには、若干の時間はかかったとしても、国際社会やUNMISSに対する南スーダン政府の不満や不安に耳を傾け、一歩一歩協力関係を推進していくことが重要と感じられた。

†地方への積極展開

UNMISSの存在意義を高めたのが、シアラーSRSGの着任後、RPFの展開開始とともに始められた、不安定地区への暫定的活動拠点（TOB）の展開である。

UNMISSは、主要都市に拠点を置き、その一部で数万人規模に上る文民保護（POC）地区を運営しているものの、地方に居住している一般の南スーダン人、特に国内避難民に対する安全・安心の提供を行うためのリソースを持ち合わせていなかった。二〇一六年七月のジュバ衝突後は、治安が不安定な地域が北部三州から南部を含む全国各地に広まり、文民保護が主要任務の一つであるUNMISSとして、何らかの対応ができないかが課題となっていた。

そのような状況下で、安保理で二〇一六年八月の決議によりジュバでの治安改善のために四〇〇〇名のRPF増派が認められた。ジュバからは反主流派が敗走して兵力引き離しなどの必要性がなくなったことから、この追加要員のジュバ展開に伴い、ジュバにいた要員を地方のTOBに振り向けることで、主要都市以外の地方の安定性向上にも貢献しようという取り組みが始まった。

二〇一七年八月のRPFの展開開始を受けて、南スーダン南部国境近くの主要都市で反政府勢力の活動に悩まされていたイェイにTOBが設置され、政府の治安機関と協力して治安改善に努めることで、隣国のウガンダに流出した難民の帰還を促すことになった。国全体の治安の回復を国連PKOのみで達成することはできないが、このように、政府の治安機関の能力・規律・信頼性の回復に資する形で国連PKOを活用すれば、南スーダンの自立に向けて道筋をつけることになると考える。今後、このような取り組みを通じてUNMISSと南スーダン政府の協力・信頼関係が深化することを期待したい。

2　自衛隊部隊の活躍

†UNMISSのためは南スーダンのため

このUNMISSに、自衛隊施設部隊と司令部要員が派遣された。施設部隊の規模は約三五〇名。部隊派遣の開始は南スーダン独立と、UNMISS設置の半年後の二〇一二年初頭。半年ごとに部隊交代が行われることから、私が赴任していた二〇一五年四月から二〇一七年九月までの時期は、第七次隊から第一一次隊までの五つの部隊と一緒に仕事をした。各部隊の出迎えから見送りまで、そして日本からの要人来訪をはじめ様々な機会に自衛隊と行動をともにすることで、南スーダンの平和、国連の活動と我が国の国益への貢献を実感した。

自衛隊施設部隊のUNMISS派遣について、まず強調したいのは、日本は自衛隊施設部隊を国連PKO、すなわちUNMISSの活動のために派遣したということである。UNMISSは総体として、安保理決議によるマンデート（委任統治）と部隊提供国の協力の下で、南スーダンの平和推進のために活動している。自衛隊施設部隊の活動は、単独で評価されるというよりも、UNMISSがその役割を果たす上で、いかに効果的に貢献したかという観点から評価すべきものである。

その意味で、自衛隊施設部隊は、南スーダンの国民に目立つ部分のみならず、前面に立たない裏方の部分で、UNMISSの活動に大きく貢献してきたことを最初に説明したい。

具体的には、例えば二〇一六年七月のジュバ衝突後のUNハウス地区、トンピン地区の防護壁・退避壕の設置・強化作業である。二〇一六年七月のジュバ衝突時には、両地区の

文民保護地区外柵構築（防衛省、2017年９月27日）

近傍で銃撃の応酬があり、また一部の国内避難民が塀を乗り越えて地区内に侵入するなどの事態が発生した。このため、まずはＵＮＭＩＳＳ自体の安全性を確保するため、両地区の安全性を向上させる措置をとることとなり、ＵＮＭＩＳＳの施設部隊の中でも信頼の厚い自衛隊施設部隊がこれを実施することとなった。

ＵＮハウス地区では、これまで鉄条網のみで仕切られていた場所に、二メートル以上のミフラム（アルミの箱に土を詰めたもの）を土地の高低に合わせて迅速かつ精緻に設置した。これにより、同様の銃撃が起きた場合にも流れ弾や武装勢力の侵入による被害の可能性を大きく減じることができ、ＵＮＭＩＳＳ両地区内での安心感が大いに増すこととなった。

この防護壁は、自衛隊施設部隊が撤収した今も、ジュバの両地区でその機能を果たしている。

これは、南スーダンの国民に直接裨益《ひえき》するものではなく、またUNMISSが任務を完遂して撤収する際には不要となるが、UNMISSが文民保護などの活動を安心して行うために不可欠のものであり、その意味でUNMISSへの大きな貢献と言える。

また、自衛隊施設部隊の高い規律が、同部隊の活動を超えて、UNMISS全体の規律を高めるという側面もある。自衛隊施設部隊への国連メダル授与式に出席した際、同席した当時の軍事司令官から、「自分がUNMISS軍事部門を指揮する上で、自衛隊施設部隊の高い規律は、他の部隊にも良い影響を与えており、大変感謝している」という評価の声を聞いた。自衛隊施設部隊は、能力・装備面も強みであるが、高い規律を前線で自ら実践することを通じて、他の部隊も含めて国連PKO全体の規律の向上に貢献していることに気づいた。

†南スーダンの開発への貢献

一方で、UNMISSの施設部隊の任務の中には、南スーダン国民に直接裨益し、大いに感謝される仕事もある。それは、市内や主要都市間の道路の整備である。自衛隊施設部隊は、これを積極的に行うことで、南スーダン国内からも国連からも大いに評価され、感謝された。

最も目を引いた仕事は、UNハウス地区と市内中心部（カスタム・マーケット地区）を結ぶ道路整備である。ジュバは降雨と都市計画・インフラ整備不足のため、国連事務総長特別代表（SRSG）をはじめUNMISSの大部分の部隊・要員が配置されているUNハウス地区と市内中心部を結ぶ三〇分程度の道路区間は、大きく波打つガタガタ道で、通常に走行するためには半年に一度は道路整備を行わなければならない。舗装するには相当の資金が必要となるが、南スーダン政府もUNMISSも持ち合わせていない。このため、この道路の整備を歴代の日本部隊が担うこととなった。

この道路整備は、ロイSRSGから幾度も感謝されたのみならず、シアラーSRSGからも、「市内で道路整備を行う自衛隊施設部隊の姿はジュバ市に欠かせない風景の一部として定着しており、撤収は残念である」との評価が聞かれた。作業中は子供たちが近くに寄ってきて交流し、また南スーダン人がボランティアで一緒に作業したこともあったと聞いている。

さらに、ジュバと周辺都市のボルやルンベックを結ぶ幹線道路についても、国連の人道支援や監視活動に資するということで、ジュバからの日帰りでの作業が可能な約一〇〇キ

UN ハウス―カスタム・マーケット間道路補修（防衛省、2016年１月30日）

ロの範囲まで整備作業を行った。これも、国連の任務に裨益するのみならず、ジュバと周辺都市の間を往来するトラックやバスなどの通行にも大きく役立ち、感謝の声が聞かれた。

以前運輸大臣も務めたマニャン国防大臣からは、「南スーダン人から見て、ＵＮＭＩＳＳの活動の中で最も有益なのは、主要幹線道路の整備作業であり、これに注力してほしい」との要望を幾度も受けた。これに対して、私や自衛隊施設部隊長から、自衛隊施設部隊による幹線道路整備作業のこれまでの成果を説明し、貢献をアピールした。

自衛隊施設部隊による施設整備がＵＮＭＩＳＳの広報活動とタイアップする事例も

あった。二〇一六年秋にＵＮＭＩＳＳはジュバ大学のグラウンドを整備してほしいとの依頼を受け、同年末から翌年にかけて日本の施設部隊がＵＮＭＩＳＳの任務としてグラウンド整備作業を行った。翌二〇一七年三月、グラウンド整備完成を祝して、高等教育大臣、シアラーＳＲＳＧ、ジュバ大学学長、日本国大使の私と田中仁朗《よしろう》第一一次施設隊長の臨席のもとで、「ＵＮＭＩＳＳピースフェア」がジュバ大学のグラウンド前広場で開催された。

行事では、ジュバ大学学長から田中隊長が感謝状を手交された他、第一一次隊は青森からの派遣部隊ということでねぶた踊りを披露した。会場にはＵＮＭＩＳＳ各部局のブースも設置され、大学生に対してＵＮＭＩＳＳの諸活動を広報していた。このように、ＵＮＭＩＳＳの社会貢献・交流活動を自衛隊が担い、前面に出ることで、ＵＮＭＩＳＳとともに日本の評価を高めることが可能であることを、現場での実践で実感した。

†ＰＫＯとＯＤＡの連携

以上のようなＵＮＭＩＳＳ本来の業務に加え、南スーダンの平和と開発の推進に取り組んでいる大使館やＪＩＣＡとの連携も積極的に行った。大使館、ＪＩＣＡ、自衛隊施設部隊間の定期連絡会議は以前から行っていたが、私の着任後に三者で話し合い、「ＯＤＡ－ＰＫＯタスクフォース」会合を毎月開催し、記録を三者で共有することとした。さらに、

「ODA－PKO タスクフォース」会合（大使館撮影、2015年6月24日）

不定期で国際機関邦人職員やNGO職員とも連携のための話し合いを行った。連携に相乗効果があったのは、事業連携、広報協力、そして治安情報共有の三分野である。

事業連携は、それまでも大使館の草の根・人間の安全保障無償やJICAの支援と自衛隊施設部隊の協力による事業が多々行われていたが、それを継続、発展させるべく取り組んだ。例えば、JICAのジュバ河川港整備事業の対象用地に防護柵が必要となったので、UNMISS側とも調整し、自衛隊施設部隊が防護柵の設置作業を行った。この完成式には、運輸・道路橋梁大臣、副大臣、次官と施設隊長、JICA所長、そして日本国大使の私が出席し、現地で大々的に報道された。

また、JICAが支援するジュバの職業訓

練センターに対して、自衛隊施設隊員による短期間の職業訓練を提供する「さくらプロジェクト」も、二〇一五年五月から行われた。最初は約二〇名を対象に自動車整備研修を自衛隊施設部隊の宿営地で実施する形で始まったが、一〇〇名以上を対象に、コンピューターや縫製など四科目を、ジュバ職業訓練センター施設も活用して実施する形に発展した。ジュバ衝突が発生した際の第一〇次隊は継続できなかったが、撤収直前の第一一次隊は、研修員でなく講師に対する研修（Training of Trainers、ＴＯＴ）を実施した。これは、部隊撤収後も末永く効果が持続するようにとの思いを込めての新機軸だったと聞いた。

さらに、ＪＩＣＡが支援を行った南スーダンの国民スポーツ大会に向けて、自衛隊は、市内のブルクにあるグラウンドを整備し、自衛隊員がトラックの境界石を埋め入れた。その場所で、全国から集まった選手たちによる陸上競技が行われた。第一回開会式では、自衛隊施設部隊が、イッガ副大統領ほか閣僚が居並ぶ中で自衛隊太鼓を披露し、大喝采を浴びた。第二回開会式では、タバン・デン第一副大統領他閣僚たちの前で空手やねぶた祭りを披露していた。

国際機関との関係でも、自衛隊による事業連携が行われた。例えば、世界食糧計画（ＷＦＰ）事務所前道路が劣化し通行困難になっていた際、ＷＦＰ邦人職員から要請を受けて検討し、自衛隊施設部隊による補修作業を行うこととした。数日間の補修作業で、ＷＦＰ

の大型トラックによる食糧運搬作業が大幅に改善された。

また、国連地雷対策サービス（UNMAS）の国際地雷デー関連行事の際にも、UNMAS邦人職員と連携して、自衛隊施設部隊がねぶた祭りを披露して、日本文化を紹介するとともにその場の雰囲気を大いに盛り上げた。

さらに、自衛隊施設部隊が提供する治安情報は、UNMISS部内での分析を踏まえたものであり、大使館やJICAが安全に支援活動を行う上で参考になるものであった。

自衛隊施設部隊はUNMISSの下にあり、UNMISSの任務上の優先順位に従って活動を行うという制約は踏まえる必要があるが、事業と広報・文化の双方で連携することで、成果を高めるのみならず、より多くの人たちの関心を集めることができると感じた。

†部隊間交流と草の根交流の大きな効果

日本のメディアにはなかなか取り上げられず、おそらくほとんど知られていないのは、自衛隊施設部隊がジュバのUNMISS内で各国の部隊・要員と様々な交流を行い、相互の理解と信頼を深めていることである。

特記すべきは、オーストラリアが日本政府との覚書に基づき、自衛隊施設部隊に二名の連絡要員を継続して派遣してきたことだ。オーストラリアは日本より先んじて様々な国連

ＰＫＯに参加し、南スーダンでもＵＮＭＩＳＳの様々なポストへの約二〇名の個人派遣を行っている。自衛隊施設部隊は、オーストラリアのネットワークからの情報や、ネイティブ・スピーカーから英語面での支援を得ることで、ＵＮＭＩＳＳ内で一層効果的な活動を行うことが可能となった。さらに、宿営地内で隊員対象の英語教室を開催し、一緒に空手の演武をするなど、様々な形で交流を深めていた。このように自衛隊の実任務の前線でオーストラリアと連携していることは、両国の信頼関係の深化に大いに資するものと感じられた。

自衛隊の歴代各次隊はそれぞれ自発的に様々な部隊間交流のイニシアティブをとり、各国部隊から評価されていた。例えば、ＵＮＭＩＳＳ内の施設隊長会議をホストして、知見や教訓・課題の共有を行っていた。第九次隊は、トンピン地区の日本隊宿営地を起点とする「駅伝」行事を企画し、ＵＮＭＩＳＳ内の多数の部隊が参加して親睦を深めた。さらに、特定国の部隊を宿営地に招待しての文化・部隊交流行事も行われていた。また、在南スーダン米国大使館有志の呼びかけに応じて、孤児院のためのチャリティー・ラン行事に多数の自衛隊員が参加し、南スーダンで日米交流が盛り上がることもあった。

これに加えて、南スーダンとの草の根の交流や文化交流も、様々な企画を通じて積極的に行っていた。全ての部隊が行っていたのは、孤児院の訪問である。ジュバ市内には、国

孤児院への学習玩具寄贈（大使館撮影、2017年５月６日）

際ＮＧＯ運営の孤児院と公立の孤児院の二つがあったが、自衛隊施設部隊はそのいずれも定期的に訪問し、子供たちと遊ぶのみならず簡単な補修工事なども行って、大いに感謝されていた。また、日本隊宿営地で「夏祭り」を企画し、孤児院から子供たちを連れてきて一緒に踊ることもあった。第一一次隊が撤収する前の最後の公立孤児院訪問では、施設部隊は、子供たちに将来の夢を未来の自分宛ての手紙に書いてもらって埋めるタイムカプセルや、南スーダン国内幹線道路と主要都市を学習するドミノ倒しの手作り玩具などを持ち込み、参加した人たちに強い感銘を与えた。たった二時間の孤児院訪問のために、皆でここまで企画を練り上げて一連の教育玩具を作り上げたことに、私自身心から感動した。

また、部隊は半年ごとに各地から派遣されて交代するので、地元の祭りや踊りを準備してくる部隊もあった。例えば、第八次隊は熊本の山鹿《やまが》灯籠《とうろう》祭りを準備し、派遣された半年間、様々な機会に、和紙でできた金灯籠を頭に載せた女性隊員の踊りを披露していた。帰国前には、山鹿市から持参した金灯籠をジュバ市長に寄贈する式典が行われ、ジュバ市長からジュバ市の象徴である弓矢の返礼があり、山鹿踊りと地元の踊りが入り乱れての交流も行われて、大変感動的であった。第一一次隊は青森のねぶた祭りを様々な機会に披露し、最後にジュベック州にねぶたを寄贈した。隊員の中に「ねぶた師」がおり、手作りしたとのことである。

スポーツでも、サッカー、バレーボール、バスケットボール、空手などによる交流が次々と企画された。いずれも約三五〇名の自衛隊員の中に強い選手がおり、親善試合や演武で活躍していた。サッカーは、自衛隊施設部隊・JICA・大使館チームと南スーダン・サッカー協会チームが親善試合を行った。バレーボールは、日本バレーボール協会が一〇〇〇個のバレーボールを南スーダンに寄贈した機会に、ジュベック州文化大臣の臨席のもとで供与式と親善試合を行った。バスケットボールは、南スーダン出身のNBAプロバスケット選手がジュバ大学に寄贈したバスケットボールコートで、自衛隊・JICA・大使館チームと南スーダン代表チームが親善試合を行った。空手は、南スーダン空手協会

第１回南スーダン空手大会（UNMISS、2017年４月29日）

主催の第一回南スーダン空手大会に自衛隊施設部隊の空手チームが参加し、合同演武を披露した。いずれも、厳しい環境におかれている南スーダンのスポーツ関係者にとって貴重な交流の機会となった。

日本文化の紹介では、茶道も人気があった。国連メダル授与式や他国の部隊との交流の機会には、和食の提供と合わせて茶道のデモンストレーションが行われ、ＳＲＳＧをはじめ各国から派遣された要員も、日本文化の一端を味わっていた。

自衛隊施設部隊と二年半ジュバにいて強く感じたのは、「マルチタレント集団」としての強み、そして文化交流の重要性である。確かに、平和の推進の担い手としての施設部隊の業務は重要であるが、ＵＮＭＩＳＳの中でも、南スーダン国民との関係でも、業務を超えての文化交流は、相互理解と信頼関係を深める契機となるものである。外交の世界でも「芸は身を助く」というアドバイスは良く受けるが、多国籍から構成され厳しい環境の下で活動する国連PKOでもあてはまるものであろう。自衛隊施設部隊はその中で、素晴らしいパフォーマンスを行い、国連PKOや南スーダンにおける日本の評価を高めていると感じた。

†政務視察、ジュバ衝突、新任務付与、そして部隊撤収

南スーダンでは、国連PKOに唯一自衛隊部隊と司令部要員が派遣されているため、在勤中は関係大臣・副大臣・政務官が来訪した。着任一週間後の二〇一五年五月には、宇都《うと》隆史外務大臣政務官・石川博崇《ひろたか》防衛大臣政務官、同年八月には赤澤亮正《りようせい》内閣府副大臣、二〇一六年一〇月には稲田朋美防衛大臣、二〇一七年一月には若宮健嗣《けんじ》防衛副大臣がそれぞれジュバを訪問し、南スーダン政府・UNMISS指導部と会談するとともに、自衛隊施設部隊を視察して司令部要員とも意見交換を行い、市内各所や各種支援事業を視察した。

二〇一六年七月のジュバ衝突は、ちょうど北海道から派遣されていた第一〇次隊、そして司令部要員にも大きなインパクトを与えた。第一〇次隊のタスクの多くは、宿営地防護強化関連に振り向けられることとなった。また、ジュバ衝突後しばらくの間は、日本隊宿

営地のあるトンピン地区に国内避難民が収容されていたこともあり、生活面で多くの不便があったと聞いている。司令部要員は、以前はジュバ市内の民間宿舎に住んでいたが、安全上の観点から宿営地内に移転した。

次の課題は、自衛隊施設部隊への「駆け付け警護」と「宿営地の共同防護」の新任務付与であった。二〇一六年一一月に柴山昌彦総理大臣補佐官がジュバを訪問してキール大統領及びスマレDSRSGと会談するとともに、市内マーケットを視察して、南スーダンに派遣される自衛隊施設部隊に新任務を付与しても特段の問題が生じないことを確認した。それを受けて、新任務を付与された第一一次隊先発隊が、一一月二一日にジュバに到着した。

翌年三月一〇日、政府は国家安全保障会議を開催し、南スーダンPKO派遣中の自衛隊の施設部隊については、現在従事している道路整備が終わる五月末をめどに活動を終了することを決定した。これに先立って、三月九日から一〇日まで柴山昌彦総理大臣補佐官がジュバを訪問し、我が国の方針をキール大統領とデイビッド・シアラーSRSGに事前に伝達した。キール大統領からは、自衛隊施設部隊のこれまでの活動を高く評価し感謝するという発言があった。

それから五月二五日の撤収までの約二カ月半の間、五年以上にわたる自衛隊施設部隊の

自衛隊施設部隊撤収前のキール大統領への挨拶（大使館撮影、2017年5月24日）

活動を支えた各種の装備品を仕分け、残すものを国連に寄贈し、持ち帰るものを空路・陸路で輸送するための防衛省・自衛隊の作業を、日本国大使館として全面的に側面支援した。特に、ジュバからウガンダへの装備品の陸送に際しての安全確保に細心の注意を払った。また、国連に寄贈する装備品については、五月二四日に、宮島昭夫内閣府国際平和協力本部事務局長からデイビッド・シアラーSRSGへの引渡式を日本隊宿営地で行った。

自衛隊施設部隊が任務を終了するに際し、宮島昭夫事務局長、田中仁朗第一一次隊長と私は、キール大統領を表敬訪問した。キール大統領からは、

「友人である日本の施設部隊が、誠実かつ献身的に多くのすばらしい仕事を成し遂げてくれたことに感謝する。この五年間の日本の施設部隊による貢献を南スーダンの国民と政府は決して忘れない」との言葉があった。私たちからは、部隊派遣期間中に南スーダン政府及び国民からいただいた協力に対してお礼を伝えた。

五月二五日、私は空港に赴き、田中仁朗隊長はじめ自衛隊施設部隊の最後の要員を、万感の思いで見送った。

今回の部隊派遣は、これで終了した。しかし、以上述べた幅広い成果は、今回の南スーダンの平和への貢献のみならず、自衛隊の経験や教訓として蓄積されている。今回の成果が広く国民に理解されるとともに、将来に向けて大いに活用され、さらなる国際平和協力の貢献・実践の機会につながることを願っている。

3　自衛隊司令部要員と日本人文民職員の活躍

†自衛隊司令部要員の個人派遣の重要性

南スーダンには、以上の施設部隊に加え、四名の司令部要員が現在も派遣されている。

二〇一一年の立ち上げの際に兵站《へいたん》、情報、施設幕僚、そして二〇一四年に航空運用幕僚が加わった。いずれも原則一尉から三佐で、UNMISS司令部の各部局で担当官（幕僚）として勤務している。

日本人が組織として勤務し貢献する部隊派遣と異なり、彼らは国際的な職場で日本人一人という環境の下、英語で業務を行っている。オフィスは、情報幕僚はUNハウス地区、それ以外はトンピン地区にある。任期も部隊の半年間ではなく、一年である。半年経過したところで、休暇として一時帰国する人が多い。生活は、以前は市内のアパートで合宿していたが、ジュバ衝突後にトンピン地区内にあるコンテナ型の司令部要員宿舎に移転し、厳しい環境にあった。

現地で勤務して、これらのポストが戦略的観点から獲得されたことを実感した。司令部の兵站担当部局には、UNMISS全体の運用に関わる情報が集約されており、新しい動きがあればいち早く察知できる。情報担当部局も、担当官には全体像は共有されないものの、そこにいれば情報分析に関する仕組みや要員は把握できる。施設担当部局は、自衛隊施設部隊を含め、様々な施設部隊にどのような業務指示が出されているのか、全体状況が把握できる。航空運用担当部局は、緊急退避などの際に死活的に重要となる空港の最新状況がリアルタイムで把握できる。いずれもUNMISSの部内情報であり、その取り扱いには制約はあるが、南スーダンで様々な活動を行い、特に緊急事態発生時に対処する上で、極めて貴重な存在となる。

自衛隊の部隊派遣が第一一次隊まで継続したため、これらの司令部要員の中には、以前部隊派遣に参加し、再度派遣された人も出てきている。そのような場合には、既に半年間のジュバでの経験があるということで、十分な土地勘があるのみならず、部隊の視点もわかることから仕事の質も貢献の度合いも高まる。

自衛隊司令部要員とは、日本からの要人来訪時の会食や、週末の大使館館員宿舎での連絡調整要員との打ち合わせなど様々な機会に意見交換を行った。いずれも、これまであまり経験のない国際的な環境の中で、日本人としての能力や規律を生かしながらきちんと貢献し、また国連PKOの機能について多くを学んでいることを知り、大変心強く感じた。

日本の場合は、語学や経験面での制約などもあり、これまで原則二佐以上、すなわちセクションチーフ以上のポストを獲得しておらず、上記の四部局以外のポストに派遣する機会も得られていない。このため、現時点では、従来からの四ポストへの担当官の派遣を継続している状況である。今後、適当な機会が得られ、検討が行われることで、よりハイレベル、より幅広い分野の司令部要員の貢献が進展することを期待している。

平原弘子 UNMISS ベンティウ事務所長（大使館撮影、2017年９月４日）

†日本人文民職員の存在感

国連ＰＫＯには、軍事要員や警察要員のみならず、文民職員も勤務している。ＵＮＭＩＳＳは国連ＰＫＯの中でも最大規模のＰＫＯであり、日本の部隊も派遣されていたこともあり、文民職員の中にも多くの日本人が勤務していた。

その中でも、特に評判が高かったのは、平原弘子ベンティウ事務所長である。当初、南部で比較的平穏だったトリトの事務所長を務めていたが、高い統率能力があることから、ＵＮＭＩＳＳ最大の約一〇万人の国内避難民を収容する文民保護地区を所轄し、様々なトラブルの絶えないベンティウ事務所長に異動した。これまで、リベリア、ダルフール、キプロスの国連ＰＫＯでの勤務経験もあるエキスパートである。ベンティウにあるＵＮＭＩＳＳの諸部隊・警察を統括し、国連諸機関との調整を行いながら、所管する南スーダン各州知事・閣僚、治安機関との交渉も担当する。

南スーダンの様々な政治勢力の動向について情報を集約・分析し本部に報告しながら、部隊に的確な指示を出し、文民保護地区の国内避難民をはじめ担当地区の南スーダン人に目配りして支障が生じないようにするのは、相当大きな仕事である。国際女性会議（ＷＡＷ！）二〇一六の安倍総理スピーチの中でも、「平原さんのような女性が、最前線で女性を守り、部族間の対話などに率先して携わるロールモデルになっているからこそ、南スーダンの女性たちも声を上げられる、意見を言える。国際社会にとっても地域コミュニティにとってもかけがえのない彼女のような人間を、更に増やしていきたいと思います」と紹介された。

また、ＵＮＭＩＳＳ計画部の石川直己《なおき》職員も、ＵＮＭＩＳＳの中核にあって大きく貢献していた。日本政府国連代表部で専門調査員として勤務した後、二〇〇九年からＪＰＯ（ジュニア・プロフェッショナル・オフィサー）として国連本部ＰＫＯ局に勤務して正式採用され、二〇一六年からＵＮＭＩＳＳに配属された。日本政府と国連本部ＰＫＯ局の発想方法や人脈を十分承知していることに加え、ＵＮＭＩＳＳ内の最新情報を把握し、ＳＲＳＧ

室とも太いパイプがあった。そのため、UNMISS側と難しい調整を行う際には、日本とUNMISSの双方にとって最善の解決策を考えるために、適切なアドバイスを受けることができた。

さらに、UNMISS広報部アウトリーチ・ユニット長の斉藤洋之《ひろゆき》職員も、特に自衛隊がUNMISSの一員としてどのような貢献を行っているか、南スーダン国内や日本に伝える上で、大きな役割を果たした。先に述べたUNMISSピースフェアの企画も、UNMISS側では斉藤職員が担当し、部隊やNHKなどのメディアとも事前に十分な調整を行っていた。南スーダン国内全域でUNMISSに対する理解と支持を広げるという役割を担い、日本の政府・自衛隊やメディアの状況を十分に理解し配慮しながら、国連を代表して様々な便宜や取材・報道の機会を提供してくれたことは大変ありがたいことであった。

UNMISSのジェンダー・ユニット長の西谷佳純《にしがやかすみ》職員は、UNMISSの様々な活動にジェンダー面での配慮を徹底するとともに、ジェンダー関連の研修を行う役回りを担っていた。その他、UNMISS分析部（JMAC）の西村正二郎職員、政務部で日本を含むパートナーとの連絡調整も担当していた坪井麻記職員他からも、様々な機会にUNMISSと日本の双方にとってメリットとなるような情報やアドバイスを得られ、国連PKOの基幹ポストで邦人職員が活躍していることが外交上も重要であることを実感した。

†平和構築人材育成事業の成果

二〇〇七年に麻生太郎外務大臣のイニシアティブで立ち上げられた平和構築人材育成事業、いわゆる平和構築者の「寺子屋」事業が継続・発展し、典型的な平和構築支援の現場である南スーダンで卒業生が多数活躍していることにも大いに勇気づけられた。

UNMISS自体には、同事業の本コースを卒業した中村裕加職員がワウ事務所に、菅原雄一職員がヤンビオ事務所に、それぞれ国連ボランティア（UNV）として配属された。いずれも当初は比較的安定した地域であったが、その後治安状況が不安定化する難しい状況下で立派に任務を完遂し、新たな場で活躍を始めている。

UNMISS以外にも、JICA事務所の総務・広報担当を担当する大井綾子職員は同事業の卒業生であった。また、同事業で南スーダンの国際移住機関（IOM）にUNVとして派遣された後、国際NGOのINTERSOS南スーダン事務所幹部を務めていた中原隆伸氏は、その後在南スーダン日本国大使館の開発協力班長に採用され、現在日本のODAを統括している。

国連PKOをはじめ、平和構築の現場にこのような形で日本人が活躍し、キャリアを積み重ねていく仕組みが実際に動き始めている。大使館の側でも、これらの若手、中堅職員の活躍を継続的に後押ししていくことが重要だと感じた。

第四章

開発支援

——JICAが支えた国づくり

クウォン・ガトルアーク運輸・道路橋梁大臣のナイル架橋工事現場視察
（大使館撮影、2015年7月2日）

本章では、二〇一三年一二月の南スーダン政治危機発生後、国際社会による南スーダンの開発支援、マクロ経済安定化支援や治安関連支援がどのような課題に直面しているかを検討したい。その上で、日本、特にJICAによる支援の継続が、南スーダンの平和と開発のために有意義な成果を上げ、南スーダン政府や国民から歓迎されているのみならず、欧米諸国からも理解が得られるようになってきたことを説明する。

1　開発支援をめぐる論議

†問題のある政府に対して開発支援を行うべきか

二〇一五年五月上旬、私は着任直後に、在ジュバ英国大使館で開催された大使級支援国調整会合に初めて出席した。その場で欧米各国からは、南スーダン政府が敵対行為停止や人権尊重に真剣に取り組んでいないことから、政府に対する支援を引き続き抑制すること で、支援国は一致団結すべきであるとの意見が次々と出された。これに対し私からは、政府に対する支援を止めても対立が深まり状況が悪化するだけであり、南スーダンの自立と安定を実現するためには、政府との対話と並行して、警察を含む行政能力の向上とインフラの整備を進めることが重要ではないかと問題提起した。

この会合は、私にとって始まりに過ぎなかった。南スーダン在勤中、南スーダンの開発支援をめぐっての欧米諸国と日本の基本的スタンスの相違は、なかなか狭まることはなく、その後も議論が継続することとなった。

南スーダンにおける最大の支援国は米国で、英国とEUがそれに次ぐ規模で存在感を示している。同様に多額の支援を行っている国には、日本、ドイツ、カナダがあり、ノルウェー、スウェーデン、スイス、中国、デンマークなどがそれに続く。フランスは安保理常任理事国として影響力を発揮しているが、南スーダンはフランス語圏ではないので二国間の支援はほとんど行っていなかった。国際機関は、世界銀行とIMF、アフリカ開発銀行の他、主要国連機関のほとんどが大きな事務所を構え、大規模な支援を展開していた。

二〇〇五年の南北スーダン包括和平合意（CPA）の実現、そして二〇一一年の南スーダン独立に政治面で深く関わってきた米国、英国、ノルウェーの「トロイカ」諸国は、当初、経済面のみならず治安部門改革も含め、巨額の資金を投じて支援を行っていた。しかし、二〇一三年一二月に南スーダン政府内で対立が発生し、ジュバをはじめとする主要都市で特定民族をターゲットにした殺害事件が発生して反主流派が政府から離脱した後、政府に対する支援の多くは停止することとなった。

その論理は、「敵対行為や人権侵害に訴える南スーダン『政府』に対して開発支援を行うことは、悪行に対して報奨を与えることになるので停止する。しかし、南スーダン『国民』に対する姿勢は変わらず、人道支援は継続する。したがって、中央『政府』への支援は停止する一方で、『国民』に密着した地方政府やNGOへの支援は継続する」というものであった。

しかし、「政府」と「国民」を峻別することは容易ではない。また、IMF・世界銀行や国連機関が現実的考慮から中央政府と連携して支援を行っていることも黙認しており、論理的に必ずしも一貫したものとは言えないように思われた。基本的には、「敵対行為や人権侵害を行っている政府に対する支援を継続することは、（欧米諸国の）国内世論との関係から許容できない」との国内事情が背景にあるように感じられた。

その後、二〇一五年八月の衝突解決合意署名と二〇一六年四月の国民統一暫定政府設立により、南スーダン政府の「正統性」は一時的に高まった。しかし、二〇一六年七月のジュバ衝突により反主流派（SPLM－IO）が分裂し、SPLM－IOタバン・デン派が国民統一暫定政府内に留まる一方で、同マシャール派が武力闘争路線を掲げることとなった。この結果、政府とマシャール派の衝突は一部残り、政府と反政府諸勢力間の政治プロセスも、ハイレベル再活性化フォーラム（HLRF）という形で当面継続することとなった。つまり欧米の観点からは、現在の政府は「正統性」について課題を残している。

　このように、南スーダン政府の信頼性が必ずしも高くない中で、南スーダン政府への支援から一線を画するとの欧米諸国の考え方には、理解・同調できる面はある。しかし、南スーダンの実情を前に真剣に考えれば、日本として同様のスタンスをとることは必ずしも適当とは思われない。

　政府の能力強化は、直近の諸課題解決のためにも、持続可能性の観点からも、引き続き重要である。日本は、一歩踏み出て警察支援を行い、また橋梁《きょうりょう》や水供給などのインフラ整備と関連する政府機関の能力強化にも取り組んでいた。その一方で、欧米も、教育や保健などの社会サービスについては、南スーダン政府の制度を通さない形ではあるが政府とも連携しつつ、膨大な支援を薬剤や教師の手当てに充当するなど、柔軟に対応している分野もあった。

　問題が多々残っている南スーダン政府に対する開発支援をどのような方針で行うのか、またそれについて欧米の支援国との相互理解と協調をどのように確保するのかは、南スーダン在勤中、常に大きな課題となった。

†マクロ経済をどう安定化するか

南スーダンのマクロ経済政策の適切な運営をどのように確保していくかも、国際社会にとって大きな課題となった。

二〇一一年七月に独立した南スーダンは、大量の油田が自国領内にあったことから、輸出港ポートスーダンまでスーダン領内を走るパイプラインの使用料を払いさえすれば、当初から膨大な原油収入を得られる立場にあった。しかし、独立後にスーダンとの間で原油をめぐる対立が先鋭化し、二〇一二年一月から一年以上、南スーダンは原油生産を一方的に停止した。これにより、南スーダンの外貨準備は大きく減少した。

その後、南スーダン・ポンド（SSP）の公定レートと実勢レートの乖離《かいり》を放置して、特定業者のみに安価のSSPと引き換えに国庫収入から米ドルを供給したため、財政が急速に悪化した。両レートの乖離が三倍まで広がる中、二〇一三年夏に変動為替相場制への移行を企図《きと》したが、議会で理解が得られず否決された。公定レートで米ドルを入手できる特権は、汚職の源泉となった。

さらに、二〇一三年一二月の政治危機により、南スーダン北部のうちユニティ州での原油生産が停止し、国としての原油生産が約三分の一に落ち込んだ。これにより、国庫収入が大幅に減少した。

その後、二〇一五年末には公定レートと実勢レートの乖離が約一〇対一となり、国庫に残る外貨を公定レートで放出すると得られるSSPが実勢レートの約一〇分の一という状況になって初めて変動為替相場制への移行が実現した。この頃、外貨準備はさらに減少し、ほぼ枯渇していた。

このように、南スーダン政府が保有していた外貨準備という国富は、衆目の環視《かんし》する中で、見る間に消滅していった。二〇一三年一二月以降は、南スーダン政府は反政府勢力との衝突にも対処する必要があり、公共財政管理の透明性を求める国際社会の声に十分耳を傾けることもなかった。国家財政の大部分は治安部門に振り向けられ、インフレにより政府職員の給与価値は激減した上遅配が続き、インフラや保健や教育など経済・社会サービスに予算が振り向けられることのないまま、経済は悪化の一途を辿っていた。

このような状況下で、二〇一六年四月末に国民統一暫定政府が設立された。キール大統領、マシャール第一副大統領の下で正統性のある政府が動き出し、国際社会としても経済支援を再開する絶好の「機会の窓」であった。IMFミッションが訪問してキール大統領と会談し、公共財政管理の透明性の確保をはじめとする経済・財政運営の改善を前提に、国際社会の支援を再開するための検討が開始され、米国やノルウェー、日本をはじめとする主要国が議論に参画した。ＩＭＦミッション団長を主要国大使が囲んで戦略を練る会議も開かれた。

しかし、その直後の二〇一六年七月にジュバ衝突が発生し、これは失われた機会となった。その後、ディエウ・ダウ財務計画大臣が就任し、燃料補助金の撤廃をはじめとする財政再建策の実施や国際社会から経済支援を得るための対話を始めたが、同大臣は二〇一八年三月に辞任し、今後の展開は未だ予断を許さない。

†治安部門改革をどう実現するか

南スーダンに平和と安定を実現するには、まず治安を改善しなければならない。しかし、未だに敵対行為停止合意の遵守が完全に確保できていないのみならず、敵対行為を停止した後も、政府と反政府諸勢力の軍や警察の統合のあり方が課題として残っている。そのような中で、国際社会として、政府の治安部門改革をどのように支援していくのかは大きな課題である。

米国と英国は、南スーダンの独立前から南スーダン国軍（ＳＰＬＡ）に対する支援を進めていた。二〇一一年の独立後、両国の軍事顧問の支援を得て、ＳＰＬＡ改革案（Objective Force 2015）を作成し、二〇万人以上と言われるＳＰＬＡ軍事要員を一二万人まで削減すべく、除隊に伴う職業訓練・年金などの支援を得る準備を進めていたが、南スーダン政府は、スーダンとの関係が完全に見通せないとして、SPLA軍事要員を削減するという英断を下すことができなかった。その後、二〇一三年一二月の政治危機で、南スーダン内での政府軍と反主流派の衝突が発生したことで、この計画は先送りとなった。結果として、政府は多数の高齢の軍事要員を抱え込み、除隊させるための財源や方策もないまま現在に至っている。

これまでの経緯から、米国と英国は、南スーダン政府と軍部に対して強い不信感を持っており、政府から明確なコミットメントが得られない限りは治安部門改革に対する支援は再開しないとの立場をとっている。

他方で、米国は、衝突解決合意に基づきジュバでの合同統合警察（JIP）の展開を支援すれば、ジュバ市内の治安を改善しつつ、軍の市内からの撤収を実現できるとの観点から、一部の支援を再開した。

日本は、南スーダン独立直後から国連開発計画（UNDP）と連携して警察支援を開始した。二〇一三年一二月の政治危機以降は、他の支援国が政府の治安部門への支援を中止する中で、ほぼ唯一の支援国として警察支援を継続してきた。二〇一六年からはJIPへの支援も開始し、二〇一七年にはAUと連携して、衝突解決合意の治安部門小委員会への支援も開始した。

今後、ジュバでのＪＩＰへの支援を契機に、南スーダン政府と米国をはじめとする国際社会の信頼関係を徐々に改善することで、国際社会が支持・支援できる形で治安部門改革が進むよう、日本としても後押ししていくことが重要と考える。

2　ＪＩＣＡのインフラ整備支援

†ナイル架橋

二〇一五年四月末の着任後、南スーダン関係者への挨拶回りで最も多くの人たちから感謝の言葉を受けたのは、ナイル架橋事業、「フリーダム・ブリッジ」の建設である。二〇一三年一二月の政治危機後、翌二〇一四年秋にはＪＩＣＡ関係者が戻り、二〇一五年三月に大統領臨席のもとで起工式が行われた直後だったことも一因だったように思う。しかし、その後もフリーダム・ブリッジの建設は日本の支援の象徴、体現であり続け、高い評価を受けてきた。

ナイル架橋事業は、二〇〇六年以降にＪＩＣＡが現地に入り開発ニーズを調査する中で、

アクセス道路引渡式。前列左から３人目より古川 JICA 所長、オクワチ道路橋梁大臣、筆者（JICA、2016年５月９日）

開発効果が高く、日本の技術が生きる事業として確認された。ジュバ市内を縦断するナイル川の両岸を結ぶ橋は、市内の物流の生命線であるのみならず、両岸の後背地となる南スーダンの西部と東部の交流・交易を確保する重要な結節点となる。

南スーダン国内でナイル川を横断している橋は、ジュバ市内の「ジュバ・ブリッジ」ただ一つだった。これは、南スーダンが独立するはるか前の一九七四年に、当時国際連合難民高等弁務官事務所（ＵＮＨＣＲ）に勤務していたセルジオ・デ・メロ職員（後にイラクで爆死した有名な国連職員）が、オランダの資金により建設したものである。この橋は、第一次大戦中に英国が開発した仮設橋で、片道一車線で耐荷重も小さいものであったが、その後四〇年以上にわたり、幾度も損壊・補修を繰り返しながら使われてきたもので、この橋を代替する新橋を建設すれば、ジュバ市のみならず南スーダンの広い地域で大きな経済効果も期待できる。

課題は資金調達であった。JICAは、二〇〇八年から二〇一〇年にジュバ道路基本計画策定を支援し、その中にはナイル架橋も含まれていた。二〇一〇年三月、米国国際開発庁（USAID）はインフラ支援予算に余裕があり、この橋の建設に関心を示したが、当時のJICA関係者は、本国とも相談しながら、この事業をJICAが手掛けられるように南部スーダン政府を説得することに成功した。当時の経緯は、JICA所長だった宍戸健一氏の著作『アフリカ紛争国スーダンの復興にかける――復興支援一五〇〇日の記録』（佐伯印刷、二〇一三）に詳しい。

私が着任してまもなく、クウォン・ガトルアーク運輸・道路橋梁大臣を表敬したところ、工事現場で最新の進捗状況を視察したいとの話があったので、早速現場の視察をアレンジし、同行した。当日は多数のメディアが集まり、新聞やテレビで大きく報道されて、橋に対する期待の高さを感じた。

橋の完成予定は二〇一八年六月で、大まかに言うと、二〇一六年にナイル川に橋脚を設置し、二〇一七年に橋脚間に橋梁を設置し、二〇一八年前半に仕上げの工事を行うという段取りで進められる予定であった。

橋の名前について、「ジャパン・フレンドシップ・ブリッジ」と命名することも検討されたが、南スーダン人が長年の解放闘争によりようやく自由を得られたことを記念して、「フリーダム・ブリッジ」と命名したものと聞いている。この橋が日本の支援によるものであることは既に広く知られており、むしろ南スーダン人自身の独立と自由の獲得の象徴と位置付けられて、それを日本が支援した形とした方が、日本への評価も高まり効果的ではないかと思った。

この架橋事業を支援する効果は、橋ができるというだけではない。約二〇〇名の南スーダン人の技術者・労働者が数年間にわたる建設作業に従事することになった。指導・監督にあたる日本人、エジプト人、フィリピン人、ベトナム人などの外国人は少数である。建設作業に伴う雇用効果及び技術移転効果は極めて大きい。

さらに、ジュバ大学工学部の学生が、実習の一環として建設現場を訪れ、説明を受ける機会も設けられた。ジュバではこのような高度な工事が行われる機会は少なく感謝されたと聞いている。

また、橋の整備と並行して、両端を幹線道路と結ぶためのアプローチ道路の整備も進められた。二〇一六年三月、西岸にある約一キロのアプローチ道路が完成し、レベッカ・オクワチ道路・橋梁大臣、古川光明ＪＩＣＡ事務所長とともに引き渡し式を行い、これも大きく報道された。これによって、橋の完成には未だ数年が必要だが、関連工事は着実に進んでおり、周辺の住民も道路整備などで具体的に裨益《ひえき》していることを発信できた。

その後、二〇一六年七月のジュバ衝突により、この事業を担う日本人、外国人技術者が国外退避し、約二年後の完成を前に事業が中断されることとなった。しかし、いつでも再開できるように、南スーダン政府の協力の下で、工事現場に残された物資は管理され、安全も確保されている。現在、工事再開に向けて準備が進められている。

†ジュバ上水道

ジュバの上水道整備事業の開始も、橋と同様に住民から熱烈に歓迎された。ジュバ市内では、安全な飲用水を安価で入手することは困難である。ジュバは二〇一一年に首都となり、人口が急増し、郊外も含めれば約一〇〇万人に到達したとも言われている。しかし、水道網は市内中心部のごく一部にしかなく、古くて漏水も多い。ナイル川沿いに世界銀行と日本が支援した浄水場はあるものの、浄水量は限定され、所要量をとても賄《まかな》えない。このため、ジュバ市内の水の主要輸送手段である給水タンクローリーの多くは、ナイル川からポンプで汲み上げた水をそのまま販売している。その水ですら、タンクローリーに必要

ジュバ市内中心部の給水塔工事現場（大使館撮影、2017年８月５日）

なガソリン代が高騰し、市の郊外に行くほど高価になっている。井戸水を使っているところもあるが、地域に必要な水量からはほど遠い。

安全な飲用水を供給することは、疾病や治療に伴う社会的・経済的コストよりも安上がりであり、ニーズは極めて高い。このため、ＪＩＣＡはジュバ市内の大部分の地域をカバーする上水道整備事業を開始した。構想は、ナイル川沿いに新たな浄水場を建設し、市内中心部にある国会議事堂横の丘に貯水槽を建設してポンプで水を押し上げ、その貯水槽から市内八カ所のタンクローリー給水所と市内一二〇カ所の水配給所（キオスク）に重力で配水するというものである。

私の着任後間もなく工事が開始され、二〇

一七年九月の完成に向けて順調に進んだ。特に、配水管の敷設作業は、市内の至るところで、日本人の監督の下、通行を規制して交通安全に配慮しながら、南スーダン人の労働者が着々と工事を進めている姿が多くの市民の目にとまり、日本の貢献を目に見える形で伝えていた。

この上水道整備には、浄水場の稼働に必要な発電機の燃料や薬剤、配水の維持管理をはじめとする様々な経費をどのように回収するかが大きな鍵となる。このために、水資源省や水供給公社への技術協力も並行して進められた。さらに、水配給所を各コミュニティで運営し、料金を徴収するための啓発活動も準備された。

二〇一六年七月のジュバ衝突で、約一年後の完成を前に、この上水道事業が中断されたことは大変残念なことであった。しかし、浄水場や貯水槽の工事現場や、市内各所に設置途中の水配給所はきちんと管理されており、ジュバの市民は工事の再開を心待ちにしている。

†ジュバ河川港

ジュバ河川港整備事業は、橋や水道から一足遅れて準備が進められた。日本は当初から、対南スーダン支援の一つの柱として河川交通の整備に取り組んでいた。南スーダンでは道路網が未発達で、特に雨期には多くの道路がぬかるみとなって使えなくなる中で、国を縦断するナイル川やその支流は、国内の隅々を結ぶ「天然の高速道路」とも言えるものであった。

ＪＩＣＡは、南スーダン独立前に南部スーダン政府の要請を受けて、小規模のジュバ河川港を整備した。当時南部スーダン地域協力大臣（外務大臣相当）であったバルナバ・ベンジャミン氏が緒方貞子ＪＩＣＡ理事長（当時）にジュバ河川港整備の必要性を力説したため実現したと聞いた。また、港湾の運用についても、技術協力として担当省庁や港湾当局幹部による訪日研修が行われた。

さらに、南スーダン北部にある主要都市マラカルの河川港も、都市マスタープラン策定支援の一環として整備する計画が進められた。しかし、物資が運び込まれた段階で、二〇一三年一二月の政治危機によりマラカルの治安が悪化し、物資が略奪されてこの計画は実現に至らなかった。

ジュバでは、ＪＩＣＡが供与した河川港がすぐに手狭となったことから、その拡張工事が計画された。当初、二〇一三年一〇月に交換公文（政府間の合意文書）が署名されたが、同年一二月の政治危機でその後の手続きが先送りになった。その間、前述のとおり、河川港拡張予定地の保全のための保護柵が、自衛隊施設部隊の協力により整備され、私がジュバに着任した直後の二〇一五年五月に完成式が行われた。本体工事が中断している間の保護柵の工事に留まるものではあったが、南スーダン政府からは担当大臣、副大臣、次官がそろい踏みで完成式に参加し、日本側からは私とＪＩＣＡ所長、自衛隊施設隊長が参加して、主要紙で大きく報道された。これは、河川港整備に対する国民やメディアの高い関心を示すものであったと感じた。

3　ＪＩＣＡの制度構築・人材育成支援

†農業・灌漑マスタープラン

日本の対南スーダン支援は、インフラ整備に留まるものではない。主要な経済・社会分野について、正面から政府関係機関の能力構築に取り組み、着実な成果を上げてきた。最も規模が大きいものは、農業分野のマスタープラン作成であった。当時の南スーダンは、原油に外貨収入の大部分を頼る一方、国内に見るべき産業がなく、代替産業として農業の振興が最優先課題であった。しかし、当時は南スーダン政府として、農業振興のためにどのような取り組みを進めるべきか、包括的な戦略を持っていなかった。その結果、様々な支援国、国際機関、NGOが、農業省、水資源省、人道省、環境省など特定の省庁を受け入れ機関として選んで自由に農業関連事業を実施することができ、政府として事業の優先度の判断や相互調整を行うことが困難であった。また、地方の州レベルでも、州知事や州農業大臣やその交代により事業の優先度が大きく左右され、技術的・専門的な必要性に基づく一貫した事業の実施が困難な状況にあった。

このため、南スーダン政府の要請に基づき、包括的農業マスタープラン（CAMP）と灌漑開発マスタープラン（IDMP）を作成する事業に取り組んだ。両マスタープランとも、関係省庁の参画を得て、ジュバでの関係閣僚会合から国内各州でのワークショップまで幅広い関係者による議論を積み重ねた。支援国や国際機関も、マスタープランの作成段階からプロセスに参画した。そして、マスタープランを作成するチームは南スーダンの政府関係者とコンサルタントであり、JICAは南スーダンのオーナーシップを極力尊重するために脇役に徹した。

私が二〇一五年に着任した時には、以上のようなプロセスが相当進んでいた。着任後、日本の官房長官にあたるマーティン・エリア・ロムロ内閣担当大臣を表敬訪問した際、同大臣は省庁間の相互調整を担っていることもあり、日本の支援のうち特に有益なものとして、このCAMPについて先方から謝意が表明された。

二〇一五年九月には、CAMPが完成し、農業大臣から国民議会に対して、承認を受けるため送付された。残念なことに、国民議会の農業委員会から一部の点につき課題が指摘され、それに対応するためのやりとりをしている間に、二〇一六年四月に国民統一暫定政府が成立して農業大臣をはじめ関係閣僚が交代し、同年七月にはジュバ衝突が発生して検討が滞ってしまった。それでも、JICAはウガンダの事務所から、CAMP関係者の研修などの遠隔支援を継続した。

二〇一七年一月には、同年三月のCAMP支援終了を前に、南スーダン政府は国民議会の承認を待たずに、すべての関係閣僚が出席するCAMP発表会を開催し、CAMP最終版が冊子とCD－ROMの形で、ドナーを含む出席者に配布された。IDMPも、実質的な作業は既に終わっていたことから、冊子やCD－ROMがその場で併せて共有された。

私は主賓の日本代表として招かれて挨拶し、その中で、このマスタープランに掲載されている一連の事業を、日本をはじめとする各国の国際機関が支援する上で、これらのマスタープランを国民議会が早期に承認することが極めて重要であることを強く訴えた。間もなく、CAMPは国民議会により承認され、いよいよ実施段階に入った。農業は引き続き南スーダン開発の鍵であり、今後とも日本が支援を主導するための取り組みを進めている。

†ジュバ職業訓練センター

職業訓練も、南スーダン人の自立・生計向上と産業発展の上で極めて重要な分野である。JICAは、包括和平合意直後の二〇〇六年から職業訓練事業を開始し、二期にわたる技術協力プロジェクトを通じて、ジュバの職業訓練センターで数千名の卒業生を輩出していた。私が着任した二〇一五年の時点では、JICAの専門家が労働省の担当部局に配置され、先方の政府による自主運営と地方への展開の側面支援を行う段階であった。しかし、二〇一三年一二月の政治危機以降の財政悪化のあおりを受けて、職業訓練は限られた規模で継続するのが精一杯の状況にあった。

その後、労働大臣・副大臣のポストは反主流派（IO）に割り振られて短期での閣僚交代が続き、政治レベルで改善に取り組むことが困難であったが、二〇一七年春のガトス・ガトクオス労働大臣、ディビッド・ヤウヤウ労働副大臣の就任により状況は一変した。両名とも元将軍で、エネルギッシュかつ一本気の性格であった。

両名の就任直後に挨拶のため往訪した際、自衛隊施設部隊の第一一次隊が、JICAの支援するジュバ職業訓練センターで講師研修（Training of Trainers、TOT）を行っている最中だったので、この機会にジュバ職業訓練センターを一緒に視察することを提案し、快諾を得た。数日後、実際に労働大臣・副大臣がメディアを引き連れて同センターを訪れ、一時間以上かけてセンターを隅々まで視察した。彼らは自衛隊による講師研修に強い印象を受けていたのみならず、一九七二年にアディスアベバ協定により第一次内戦が終結した際に、エチオピア皇帝ハイレ・セラシエI世がジュバを訪れ、この職業訓練センターを設置した際の礎石を見つけて大喜びしていた。

視察後の記者会見で、ガトクオス大臣は「隣国エチオピアが始めたジュバ職業訓練センターへの支援を、JICAが受け継いでこのように発展させていることを大変嬉しく思う」と述べた。労働省で大臣レベルの関心・関与がなかなか得られなかった本センター担当者も、このような視察の実現に大いに感謝していた。

†理数科教育

教育では、理数科教育の支援が着実に成果を上げていた。日本は、二〇〇五年の包括和平合意後間もない時期からこの分野の支援を始め、二〇〇九年には理数科教育の教員研修と教材開発の技術協力プロジェクトを立ち上げた。私が着任した二〇一五年春には、トリトにある研修所に加え、ジュバ郊外のロンブールの教員研修所の改修が終わり、SPLM重鎮のボル・マクエン教育副大臣とともに研修所を視察した。全国各地から研修員が集まっており、未だ教師が少ない南スーダンにとって将来の大きな力になると感じられた。

その一方で、日本の支援で地方に建設された教員研修所は、その後の治安の悪化で活用が困難なままとなっていた。しかし、教育省の尽力により、二〇一七年には北部のアウィールにある教員研修所はようやく改修・再開することができ、日本国大使館から職員を派遣して私からの祝賀のメッセージを伝えた。

教育分野では、学校施設の運営、教師の給与の確保、教材の開発をはじめ多くの課題があり、多くの支援国・支援機関が支援を行っている。その中で、日本に経験と強みがあり、中長期的に定着しインパクトがある分野の支援を担っていくことは、開発と外交の両面で効果が高いと感じた。

†税関支援

税関支援は、新しい国づくりの中で、政府の税収を確保するとともに、国境における税関手続きの効率化を通じて貿易を促進し、経済成長に貢献するものとして、二〇一一年からＪＩＣＡの専門家を派遣して支援を開始した。ＪＩＣＡはそれに先立つ二〇〇七年から、ケニア、ウガンダ、タンザニアを中心に東部アフリカ地域税関能力向上プロジェクトを進めており、その経験や基盤を全面的に活用することができた。

二〇一六年からは技術協力プロジェクトとして支援を本格化する段階となったが、同年七月のジュバ衝突により、近隣国での研修など遠隔支援を継続している。世界税関機構（WCO）もこの分野の研修を行っているが、WCO事務総局長は日本人の御厨《みくりや》邦雄氏であり、この分野での制度構築・人材育成においては日本の存在感が極めて大きい。

†保健人材育成

保健分野では、JICAは二〇〇九年から戦略的保健人材育成プロジェクトを開始した。南スーダンの保健省や医療機関には様々な国で異なる資格を取得した医療関係者がいることから、活動保健人材育成データベースの作成を通じて、保健行政を行う基盤の構築を支援した。また、南スーダンは妊産婦死亡率が世界でも最も高い国の一つであり、看護師・助産師の育成が急務であるため、ジュバ教育病院に併設されている「ジュバ看護師・助産師学校（JCONAM）」の改築を支援した。私が着任した時は、JCONAMはその校舎でカナダ・スウェーデン・国際連合人口基金（UNFPA）の支援を得つつ看護師・助産師養成コースを運営しており、私の任期中に二度の卒業式が開催されて挨拶を行った。

卒業生は全国各地で貴重な医療人材として活躍しており、南スーダン北端のマイウットにある赤十字国際委員会（ICRC）が支援する診療所を視察した際、説明にあたった看

ジュバ看護師助産師学校卒業式（大使館撮影、2015年12月10日）

護師の一人はＪＣＯＮＡＭ卒業生であった。その診療所を拠点に、周辺の村を巡回して妊娠・出産に関する説明会やアドバイスを行っているとのことだ。医薬品や資機材も、プールファンド（援助国による共通基金）、ＵＮＦＰＡや国連児童基金（ＵＮＩＣＥＦ）などの支援を得て配備されていたが、それを正しく使う人も不可欠である。医療知識を持った南スーダンの看護師・助産師が僻地《へきち》に一人いるだけで、多くの母と子の命を救うことができる。ＪＩＣＡの人材育成支援がこのような形で生かされていることを知り、そのインパクトを実感した。

SSBC に JICA が供与した番組編集機材（大使館撮影、2016年3月3日）

†メディア支援

メディア支援は、日本の対南スーダン支援の存在感を高める上で、極めて効果的であった。支援内容は、国営南スーダンテレビ・ラジオ（SSTV・SSR）を、日本のNHKや英国のBBCのような公営放送（南スーダン公共放送、SSBC）に移行させるために、包括的な制度構築・能力構築を支援するもので、技術協力プロジェクトとして二〇一二年から二〇一八年まで行われた。JICAは、そのための機材供与、本邦や周辺国での幹部研修・視察、ジュバでの研修・指導など、幅広い支援を行った。私の現地在勤中の二〇一六年に、SSBC法が施行され、SSTVはSSBCへと名称が変更されて新しいロゴも使われるようになった。

南スーダンのメディアでは、ラジオが全国を最も広くカバーしており、聞く人も多く、新聞も英語、アラビア語紙が複数発行されて広く読まれていることから、テレビの重要性については十分認識されていないように思われた。しかし、政府関連の情報を迅速かつ確実に把握する上でテレビは最も便利な手段であり、特に毎日午後八時からのＳＳＢＣニュースは、大統領から閣僚、国民議会、州知事関連の会談・活動の紹介や主要人事異動の発表などが最初に行われることから、南スーダンの首都や各州の要人・有識者、さらには衛星放送を見る国外在住者に至るまで、インテリ層が幅広く視聴している。このＳＳＢＣの諸番組が、日本の機材供与や技術指導により目に見える改善を遂げ、かつスポーツや農業など日本の支援に関係する特集やコマーシャルを頻繁に放送するので、日本の支援の認知度を高める上で極めて役立った。

その一方で、公共放送への移行後も、放送内容はかなり政府寄りのままで変わらず、独立系メディアのジャーナリストからは、民主主義支援の観点から、日本はむしろ独立メディアを支援すべきではないかとの意見が出された。実際、米国は全国ネットのラジオ局（アイ・ラジオ）の経費の大部分を賄う形で支援し、ＵＮＭＩＳＳは自らのラジオ局（ラジオ・ミラヤ）を運営し、キリスト教関係団体もジュバのラジオ局（ラジオ・バキータ）など全国各地でラジオ局を運営している。ジュバで最大の発行部数を誇るジュバ・モニター紙も、欧州系のインターニュースの補助金を受けている。

これに対し、私からは、公営放送局は国にとって重要であり、特にSSBCが独立前の一九七〇年代に遡るラジオ・テレビ番組のアーカイブを保全し、南スーダンの歴史の記録を維持するためにも、日本のSSBC支援は南スーダンにとって有益と考える旨説明し、理解を得てきた。

SSBC支援の技術協力プロジェクトが二〇一八年一二月に終了する一方、トルコや中国による支援が新たに始まったことから、今後の動向を注意深く見守る必要がある。

†持続的財源の確保が課題

以上のいずれのJICA支援事業についても、南スーダン政府による主体的な取り組みを促し、自立につなげていくことが極めて重要である。職業訓練センター、教員研修所、看護師・助産師学校をはじめ、せっかく日本が施設を支援しても、それが自己資金や他の支援国・国際機関の資金により継続的に活用されて、初めて中長期的な成果につながるものである。南スーダンの経済状況と政府の財政状況が悪化する中で、これまでの日本の支援の効果を最大限に発現させるためにも、今後、南スーダンの政治レベルとの対話の強化

ABE イニシアティブ南スーダン第１期生の出発行事（大使館撮影、2016年８月22日）

や、他のドナーと協調して公共財政管理を改善し、それによって財源を確保するといったさらなる工夫が重要と考える。

†ABEイニシアティブ

アフリカの若者のための産業人材育成（ＡＢＥ）イニシアティブは、二〇一三年六月に横浜で開催された第五回アフリカ開発会議（ＴＩＣＡＤＶ）で打ち出された、五年間で一〇〇〇人の若手アフリカ人材を日本での留学・インターンのために受け入れる構想である。同年夏から第一期生の公募が一部アフリカ諸国を対象に始まったが、南スーダンについては、二〇一三年一二月のジュバ衝突とＪＩＣＡ関係者の国外退避などの事情もあり、二〇一五年夏に公募を始める第三期生から対象国となった。

ＪＩＣＡが二〇一五年九月初頭にジュバ大学で説明会を開催したところ、ジュバ大学最大の会場が大入り満席となった。私から「南スーダンと日本のビジネスの架け橋となることを期待している。本件は名称のとおり日本の総理のイニシアティブであり、自分も応募者を全て面接するつもりである」と説明したところ、翌日の新聞では一面トップに写真入りで掲載され、本事業に関する南スーダンの強い関心と期待を感じることができた。

短い応募期間にもかかわらず、一〇〇名以上から応募があり、書類選考を経て、同年一二月には三十数名の面接を私も参加して行い、受け入れ大学での審査を経て、最終的に一一名が選ばれた。特に、ジュバ大学建築学科を卒業して設計会社に勤務していた女性は、南スーダンの土着の資材・文化と日本の環境技術の双方を活用した建築を研究テーマに選び、流暢な英語で素晴らしいプレゼンを行ったので強い印象を受けた。後日、その女性はＡＢＥイニシアティブ第三期生の総代に選ばれ、日本での歓迎会で挨拶を行ったと聞いた。

翌二〇一六年の第四期生の公募プロセスは、七月のジュバ衝突から間もない時期に始まり、またＡＢＥイニシアティブ全合格者数の枠が減った中で、八名が選考された。

日本と南スーダンのビジネスは、自動車の輸入などを除いて現時点では限られている。しかし、選考された第三期生一一名、第四期生八名はいずれも優秀な南スーダン人である。

このような人たちが毎年日本の修士課程に留学し、日本企業でインターンをすれば、日本とのビジネス関係強化に資するのみならず、将来、親日的な指導層として活躍するだろう。南スーダンでは長年の内戦のため、教育を受けた優秀な人材が多くの分野で不足している。この機会に、日本が南スーダンの人材育成に貢献する意義は大きい。

4　新たな試み――スポーツを通じた平和構築

†スポーツで平和構築

ＪＩＣＡは南スーダン独立前から様々な良い事業を進めてきていたが、私の着任後に始められた最も印象的なものは、スポーツを通じた平和構築プロジェクトである。

南スーダンでは、国内の諸民族の和解と相互理解の推進が大きな課題である。特に、若者は教育や就業の機会に乏しく、武器を入手して他民族に対する暴力や略奪行為に走り、民族間の相互不信が深刻化することも少なくない。これを乗り越えるための一つの手段として、スポーツを活用する構想が生まれた。当時の古川光明ＪＩＣＡ事務所長はスポーツマンで、週末に南スーダンや自衛隊のチームと一緒に、ジュバ市内のグラウンドでサッカーやバスケットボールの交流試合などを度々企画しており、私も参加させていただいた。このような取り組みを通じた関係者との人脈、土地勘がベースになってプロジェクトが生まれたのだろう。

日本は二〇二〇年に東京オリンピック・パラリンピックを開催予定で、関連する様々なイベントが多い。また、日本では戦後に国民体育大会を開催していた伝統があり、それも活用できる。結局、南スーダン版の国民体育大会である「国民結束の日（National Unity Day）」全国スポーツ大会の開催と、南スーダンのオリンピック参加支援を二つの柱として、支援が始められた。

この構想を他の援助関係者に紹介した際、一部からは、「国内で保健も教育も十分に行き渡っていないのに、なぜスポーツのような文化活動を支援するのか。支援の優先順位が間違っているのではないか」といった疑問が提起された。しかし、実際に「国民結束の日」が動き始めると、そのような声は聞かれなくなった。特に、UNDP出身でコンゴ民主共和国など紛争国での経験も豊富なマリ人のUNMISSのスマレ政務担当副代表からは、「日本のスポーツ支援は本当に有益である。南スーダンの若者は、やることが何もないと危険な存在になる。全国の若者の多くがスポーツに熱心に励み、交流するようになれば、対立を抑制できる」との前向きな評価を聞いた。

南スーダンでは、第一次内戦後の一九七〇年代に、「国民結束の日」というスポーツ大会が開催されていたが、第二次内戦が始まった一九八〇年代以降は開催されなくなったとのことである。この歴史的経緯から、独立後初めての全国スポーツ大会も「国民結束の日」と命名された。文化・青年・スポーツ省が中心となり、JICAの支援を受けて準備が進められた。

†国民結束の日

第一回の「国民結束の日」は二〇一六年一月に開催され、陸上競技とサッカーが行われた。開会式にはイッガ副大統領（当時は第一副大統領はおらず政府ナンバー2）に加え、閣僚も多数参列した。JICA本部からこれに合わせて加藤宏理事が来訪した。全国九地域・三五〇人の代表選手が南スーダン国立競技場で入場行進する姿は、まさに全国各地域・各民族の統合、そして平和の再来を目に見える形で具現化するものと感じられた。多くの南スーダン人も、そのような感慨をもって受け止めたのだと思う。

日本の関係者も、この行事に幅広く参加した。自衛隊は、この大会に向けてグラウンド整備も行った。その様子は、翌二〇一七年一月の安倍総理の施政方針演説でも言及されている。

「真新しい国旗を手に、誇らしげに入場行進する選手たち。南スーダン独立後、初めての全国スポーツ大会には、異なる地域から、異なる民族の選手たちが一堂に会しました。／その会場の一つとなる、穴だらけだったグラウンドに、一千個を超えるコンクリートブロックを、一つひとつ手作業で埋め込んだのは、日本の自衛隊員たちです。最終日、サッカー決勝は、奇《く》しくも、政治的に対立する民族同士の戦い。しかし、選手も、観客も、フェアプレーを貫きました。終了後には、勝利した側の選手が、負けた側の選手の肩を抱き、互いの健闘を称《たた》えあう光景が、そこにはありました。／幼い息子さんを連れて観戦に来ていたジュバ市民の一人は、その姿に感動し、こう語っています。／『毎日、スポーツが行われるような平和な国になってほしい。』／隊員たちが造ったのは、単なるグラウンドではありません。平和を生み出すグラウンドであります。自衛隊の活動一つひとつが、間違いなく、南スーダンの自立と平和な国創りにつながっている。」

グラウンド整備は、橋や給水施設の建設工事を請け負っている日本企業も支援し、自衛隊施設部隊は開会式で太鼓の演奏も披露した。最終日のスポーツ・グラウンドの清掃キャンペーンは、JICAに加えて大使館、自衛隊施設部隊、日本企業関係者も勢ぞろいで参加し、ジュバ市の清掃員やスポーツ選手と一緒にゴミ拾いを行った。

第二回の「国民結束の日」は、二〇一七年一月に開催された。今度は、二〇一六年七月

第２回「国民結束の日」スポーツ大会開会式（JICA、2017年１月27日）

のジュバ衝突によりＪＩＣＡ邦人職員が国外退避した後だったので、ＪＩＣＡはウガンダに拠点を移していた南スーダン事務所から、ジュバに残り活動する現地職員、そして文化・青年・スポーツ省とともに準備を進めた。開催後、同省の次官が「毎晩遅くまで仕事をして大変だったが、これは自分たちの力で開催した」と述べていたのが印象的であった。

開会式は、タバン・デン第一副大統領と多数の閣僚が出席し、ＪＩＣＡは現地職員が北岡伸一ＪＩＣＡ理事長の挨拶を代読した。前年と同様に、入場行進は胸を打つものだった。今回は、自衛隊施設部隊の太鼓に加え、南スーダン人と自衛隊員による空手のデモンストレーションも行われた。一連の式典が終わった後、国民的歌手であるエマニュエル・ケンべのコンサートがそのまま始まり、その場にいた選手全員と観客が一緒になって踊る姿を見て、この南スーダン人たちは、今この時を本当に楽しみ、心から嬉しく思っているのだと感じた。

サッカーの決勝戦が行われる閉会式にもタバン・デン第一副大統領が出席したのみならず、主要な各国大使にも来るよう声をかけ、招待状を出していた。ノルウェー大使は、「その週にタバン・デン第一副大統領と会った際に、これは良い行事だから、ぜひ来るようにと誘われたので来た」と言っていた。政府首脳部がここまで愛着を持つ支援事業は、やはり成功だと思う。

†オリンピックへの参加

もう一つの事業の柱は、オリンピック参加支援である。南スーダンのリオデジャネイロ・オリンピック参加に際して、ＪＩＣＡは選手の予選参加への支援を行った。結局、南スーダン代表としては三名の陸上選手がリオデジャネイロ・オリンピックに参加した。

ＪＩＣＡは、南スーダン代表選手のリオデジャネイロ・オリンピック参加についてのテレビ番組の作成を支援し、ＳＳＢＣで放映された。「国民結束の日」とは別の形であるが、南スーダンを代表する選手のオリンピック出場を、来《きた》る東京オリンピックへの参加も視野に、国民統合に役立つよう生かしていくことは、日本ならではの支援であろう。

†パートナーシップの拡大へ

ＪＩＣＡによる後押しで始まった「スポーツによる平和構築支援」は、良い形で軌道に乗っている。

第三回の「国民結束の日」は、二〇一八年一月～二月に同様の形で開催され、今度は女子バレーボールが種目として追加された。ＪＩＣＡ邦人職員のジュバ帰還が未だ実現しない中で、多様なパートナーが開催を支援した。ＵＮＭＩＳＳは、シアラーＳＲＳＧによる開会挨拶のほか、バングラデシュ施設部隊によるグラウンド整備や、期間中に実施された平和構築やジェンダーのワークショップへの講師派遣を通じて支援した。また、スイス政府も陸上競技と女子バレーボールの航空運賃を支援した。南スーダン政府が中心になり、ＪＩＣＡ以外にも様々なパートナーが後押しする形になれば、より効果的かつ継続的な実施が期待できる。

次は、東京オリンピックに向けての準備である。私の後任者の岡田誠司大使も本分野の支援を重視している。ＪＩＣＡ邦人職員のジュバ帰還も実現したので、日本とアフリカの野球交流をライフワークにしている友成晋也《ともなりしんや》ＪＩＣＡ事務所長のもと、この分野でのさらなる支援が発展するものと確信している。

第五章

人道支援
——国際機関と連携したリーダーシップ

ミンカマンでのUN Women連携生計支援事業視察（大使館撮影、2017年9月14日）

南スーダンでは、シリアに次ぐ世界最大級の人道危機が継続している。国際社会はそれにどう対処すべきか。その中で日本はどのような役割を果たすべきか。南スーダンにおけるＪＩＣＡの活動が開発を中心に行われ、日本のＮＧＯの活動が安全上の制約から極めて限定的な中で、日本の取り組みの大部分は国際機関との連携によって行われた。本章では、南スーダンにおける人道状況と人道支援の主要課題について説明した後、日本が国際機関との連携により、どのような形で独自の取り組みを進め、成果を上げてきたかについて説明したい。

1　人道支援をめぐる論議

†厳しい人道状況

南スーダンでは、二〇一一年の独立後、新政府による行政が軌道に乗る前に、二〇一三年一二月の政治危機が発生し、大量の国内避難民と難民が発生することとなった。北部三州（上ナイル、ジョングレイ、ユニティ）の反主流派（ＩＯ）の拠点地域を中心に、各地で政府軍と反主流派が衝突し、村々が襲撃・放火されて、それぞれの地域の一般民間人が深刻な被害を受ける事例が多数報告された。

二〇一五年八月に衝突解決合意が署名され、二〇一六年四月に国民統一暫定政府が成立して新体制が始動してしばらくの間は比較的安定した。しかし、二〇一六年七月のジュバ衝突の後は、南部や中部にも衝突地域が拡大し、国内避難民や難民がさらに発生した。治安の悪化により支援が不安定地域の末端まで届かない中で、一部地域では飢饉状態が宣言されるに至った。南スーダンの人口が約一二〇〇万人と推計される中で、約四〇〇万人、国民の三人に一人が故郷を追われて不自由な生活を余儀なくされている。

私がジュバにいる間、国際社会の主要な関心は、このような厳しい人道状況にいかに効果的に対処するかという点にあった。二〇一六年六月にはニューヨークで世界人道サミットが開催され、二〇一七年二月には、新たに就任したアントニオ・グテーレス国連事務総長が南スーダン、ソマリア、イエメン、北部ナイジェリアを対象に食料危機を未然に回避するための緊急アピールを出した。さらに二〇一七年六月にはウガンダで難民連帯サミットが開催された。

国際的に南スーダンの人道危機が取り上げられる中で、南スーダン現地には、潘基文《パクギムン》国連事務総長、スティーブン・オブライエン人道問題担当国連事務次長兼緊急援助調整官（ERC）、康京和《カンギョンファ》国連人道問題調整事務所（OCHA）事務次長補（現韓国外務部長官）やジョン・ギング運用局長が次々と来訪し、南スーダン政府指導部との協議や現地の視察を行った。現地では、国連のナンバー2が人道調整官（HC）の役割を任ぜられ、国連諸機関、支援国やNGOなどと緊密に調整しながら、政府や反政府勢力と対話し、人道支援活動を統括していた。国連安保理でも、厳しい人道状況や政府・反政府勢力による人道支援に対する妨害などが頻繁に取り上げられた。

現地の日本国大使の役割は、人道状況や課題を把握し、日本政府の立場を現地の支援国会合や南スーダンとの二国間協議で発信・伝達し、日本の支援を最も効果的な形で展開することであった。

ジュバでは、人道調整官を議長とする人道調整会合が毎週開かれている。この会合には人道支援国から代表二名のみが参加できるので、日本は人道支援国内の調整会合に出席する形でプロセスに参画している。ただし、これとは別途にOCHAは毎週「コーヒー会合」として、支援国との非公式な意見交換の場を設けていたので、私は時間の都合がつく限り「コーヒー会合」に参加して、OCHA所長や次長から人道支援の最新の課題についてブリーフィングを受けていた。

また、OCHA幹部の来訪時には、大使も同行する形での現地視察や大使級の意見交換の機会もアレンジされた。二〇一五年八月にオブライエン緊急援助調整官が来訪した際は、

ベンティウ文民保護区の全景。約10万人の国内避難民が居住する「大都市」が緑の大地の中にある。（大使館撮影、2015年7月24日）

ユニティ州の反主流派がいる地域での食糧投下・病院視察やベンティウ文民保護区の視察に、米英大使、EU代表とともに同行した。OCHA幹部と大使級の意見交換では、人道アクセス（humanitarian access）や人道支援要員の安全確保の問題にどう取り組むべきか、南スーダン政府関係者との対話・協力をどう進めるべきかといった喫緊の深刻な課題について議論が行われ、私も積極的に参画した。以下、主な課題について、現場でどのような議論が行われていたのかを紹介したい。

†人道アクセスをどう確保するか

最も頻繁に提起され、議論されたのは、「人道アクセス」の問題である。人道支援は、衝突が発生し治安が悪化して、住民が村を追われて食料・水や保健・医療のない状態に置かれた地域を対象に行われる。しかし、反政府諸勢力がいる地域の住民に対して支援を行おうとしても、政府軍がその手前の検問で制止するという事態が往々にして発生する。

人道支援は、政治的立場や地域に関係なく、緊急性が最も高いところから供与するのが原則である。南スーダン政府の側も、国民を等しく扱うのが建前であり、反政府諸勢力がいる地域の南スーダン人への人道支援の供与に反対するものではない。しかし、そのような地域に人道支援物資を届けた場合、反政府諸勢力の要員がその物資を取り上げて利する結果となる可能性もあることから、実際には人道支援の輸送が検問などで制止されることもある。

これを政府に対して抗議しても、政府からは、「そこから先は政府として人道支援関係者の安全を確保できない。安全にかかわる事件が発生した場合には政府としても責任を免れることはできず、非難されることになるので、通過は認められない」といった理由で拒否される。人道機関の側は、反政府諸勢力とは別途連絡を取り安全の確保について確約を得ていることもあり、「そのようなリスクは自らの責任で判断する。政府の判断に従った場合、人道支援機関として職務を果たすことができなくなる」と抗弁しても、政府からは同様の反論が繰り返され、なかなか前向きな対応が得られないまま時間が経過する。

地方によっては、州知事が協力的な場合でも、州に駐屯する政府軍の幹部が抵抗する場合もある。また、中央でOKという了承が得られた場合でも、現場の検問で制止され、結局目的地にたどり着けない場合もある。例えば、南スーダンを訪問したジョン・ギングOCHA運用局長が、人道支援物資とともに南部の主要都市イェイを訪問する予定で、中央政府からOKをもらったにもかかわらず、現地の検問からは連絡を受けていないとして数時間足止めされ、結局現地に行けなかったことがあった。また、欧州主要国の閣僚が空路で反政府勢力のいる地域を訪問する計画について、事前の了承は得られていたが、空港で治安当局からストップがかけられたため、当該地域を訪問できなかった事例もあった。

「人道アクセス」の問題がこれだけ関心を集めてもなかなか解決しない理由について、単純化して言えば、欧米諸国は南スーダン政府の「政治的意思」が不足しているからであるとし、南スーダン政府は政府・治安機関やその要員の「組織・人的能力」が不足しているからとする傾向が強い。双方の議論にはそれぞれ根拠があり、いずれも正しい面はあるが、実際にこの問題を解決するためには、「政治的意思」と「組織・人的能力」の双方に取り組むことが必要だろう。

例えば、二〇一七年に開かれた人道ハイレベル監視委員会（HHLOC）と合同監視評価委員会（JMEC）人道作業部会（WG）の合同会合で、当時反政府勢力がいたカジョケジに対する世界食糧計画（ＷＦＰ）の食料支援が幾度も妨害された事案について、ＷＦＰ事務所長から詳細な問題提起が行われ、政府は「事実関係をさらに確認する必要がある」と応答していた。しかし、その直後のランチで隣り合わせた政府国家安全保障局の責任者に考えを聞いたところ、「あの地域は反政府勢力が強く、人道支援物資を送るべきでない」と率直な意見を吐露していた。治安機関で実権を握る者がこのような発想のため物事が進まないのであれば、それを覆す政治レベルからの強い指示が必要であろう。

他方、現場の要員の能力が原因であり、現場で解決可能な問題もあり得る。人道担当省高官から、末端の検問にいる治安要員やその指揮官に対して、人道原則とは何か、反政府勢力の影響下にある南スーダン人に対してなぜ人道支援が必要なのかなどに関する研修を実施すれば、現場での対応が改善されるだろうとの提案があった。実際のところ、治安機関にあらゆる能力が不足している中で、政府や治安機関の指導部との連携を強化しつつ、このような能力強化支援に取り組むことも、人道アクセス改善の成果をもたらすのではないかと思われる。

安保理では、南スーダン政府や反政府勢力の「政治的意思」が問題であるという見方が強い。二〇一六年七月のジュバ衝突による人道状況の悪化を受けて、制裁に訴える可能性にも言及しながら南スーダン政府に圧力が加えられた。その結果、二〇一六年一〇月に政府はＨＨＬＯＣを設置し、ロムロ内閣担当大臣を議長として関係大臣、国連人道調整官、ＯＣＨＡ事務所長が入った枠組を立ち上げた。これと同時期に、人道担当大臣と国連人道調整官を共同議長とする人道調整フォーラム（ＨＣＦ）での対話も始まった。

両枠組の立ち上げ後も、ＨＨＬＯＣは開催頻度が少なく、ＨＣＦでも政府側の主張は建前論に終始することが多く、政府の治安部門が参加していないなどの問題が指摘された。

しかし、南スーダン国内の人道状況を改善するためには、南スーダン政府指導部と治安機関の前向きな対応が不可欠であり、それには根気強い対話と説得、理解と協力の取り付け以外の方途はない。欧米諸国の中には、南スーダン政府の非協力的姿勢を公の場で非難し、制裁で脅す以外の方法はないと主張する人たちもいたが、国連やＯＣＨＡの指導部がこのような政府との対話の重要性を認識していたことは、大変心強く感じた。

†人道支援要員の安全確保

南スーダンは、人道支援要員にとって最も危険な場所の一つである。二〇一三年一二月の政治危機以降、人道支援要員の死者は二〇一八年四月に一〇〇名に達した。「援助要員安全報告（Aid Worker Security Report）」二〇一七年版によれば、援助関係者に対する攻撃数は南スーダンで最も回数が多く、アフガニスタン、シリア、コンゴ民主共和国、ソマリア、イエメンがそれに続く。死者も、南スーダンが一番多い。同報告では、政府軍と反政府武装勢力のいずれの要員も規律が取れていないことが原因として指摘されている。

人道支援要員の安全確保の必要性は、各種の会合でも頻繁に指摘され、いわゆる「レッド・ライン（越えてはならない一線）」の問題として議論されていたが、適当な対処方法はなかなか見いだせなかった。すなわち、例えば南スーダン第二の都市ワウでWFPの食料支援活動に際して犠牲者が出たことを受けて、食料支援の停止が議論されたことがあった。しかし、人道支援が停止すれば、それにより飢餓や病気による死者が出ることが明らかな状況下で、仮に人道支援要員の安全性に一定のリスクがあったとしても、可能な限り予防措置をとった上で、人道支援を継続すべき、という意見が多い。

また、赤十字国際委員会（ICRC）の活動についても、人道目的を達成するために、可能な限りの安全策を講じた上で、やむを得ないリスクは甘受するとの姿勢が見られる。例えば、エクアトリア地方でICRCの人道支援要員に犠牲者が出て、同地域での人道支援活動を全面停止したことがあった。しかし、その事件を調査した結果、ICRCの活動に対する意図的な敵対行為というより単なる一般犯罪の可能性が高いと認定され、間もなく人道支援活動は全面的に再開された。

南スーダンでの人道支援活動を観察して、政府・反政府の双方と連絡を取りながら、様々な危険を冒して前線の民間人に医療や食料などのサービスを届けようという人道支援機関と要員の熱意には強い感銘を受けた。そして、この活動は、多くの死傷者や誘拐事件が発生しているにもかかわらず継続している。このような人道支援活動を資金面・要員面で支える国際社会、特に欧米諸国や現地の人たちの努力に心から敬意を表するものである。

†人道支援への依存をどう断ち切るか

その上で、南スーダンの政府や反政府諸勢力が、国家収入など限られた資金を軍事支出・武器購入に充当して衝突を継続する中で、国際社会がなぜ人道支援を継続しなければならないのか、という疑問は至極正当なものと考える。

そもそも、スーダン内戦時代から、「オペレーション・ライフライン・スーダン」(一九八九年〜九六年)といった形で、スーダン政府や反政府勢力が軍事的対立・衝突を継続する間、国際社会が食料や医療などの緊急人道支援により社会サービスを提供する、という役割分担が形成されていた。南スーダン独立後も、二〇一三年一二月以降、社会サービスの提供を国際社会に委ね、貴重な政府予算の大部分を軍事・治安部門の予算に充当する構造が受け継がれている。今後、どのような形で南スーダンの政府や組織が自ら社会サービスの提供を担う形にしていくかが課題となる。

また、国際社会の緊急人道支援も中長期的な展望を持って行われていたのか、という自省も耳にする。例えば、ICRC職員からは、一九九〇年代から膨大なコストをかけて食料の空中投下を行ってきたが、そのための資金の一部でも道路建設に回していれば、はるかに安い経費で人道支援物資の輸送が可能になっていたのではないか、短期的に人命を救おうとするあまり、中長期的な自立の実現に向けての支援を行う機会を失っているのではないかとの疑問の声を聞いた。

危機的な人道状況にどう迅速かつ効率的・効果的に対処するか、というのは重要な課題である。しかし、単に人命を救うだけでなく、救われた人たちの自立をどう助けていくか、という観点も同様に重要である。日本は、自国の歴史的経緯から、相手の立場に十分配慮して、自助努力・自立支援を側面からサポートする、という国際協力哲学を長年にわたり実践してきた。人道支援への依存から脱却し、開発支援への移行により自立を達成していくという課題は、まさに日本が主導してしかるべき課題である。

日本はこれまでアフガニスタンをはじめ、人道支援から開発支援への移行という課題に取り組んできた。それは南スーダンでも同様だ。国際社会による人道支援が開発への移行にも資する形になるよう、日本が自らの支援で率先して行いつつ、他の支援国や国際機関を巻き込むべく取り組みを進めてきたのである。

2　国際機関との連携による人道支援から開発支援への移行

†日本の理念と発想を生かした「細切れ作戦」

日本は、主に補正予算を活用して、南スーダンに緊急に対応が必要な人道支援を、様々な国際機関や日本のNGOと連携して実施してきた。私が二〇一五年四月に着任した時は、同年二月に表明した約六六〇〇万ドルの支援の実施にあたり、さらに二〇一六年二月の約三一〇〇万ドル、二〇一七年二月の約二二〇〇万ドル、そして二〇一八年二月の約三四〇〇万ドルの支援の事業具体化や実施に取り組んできた。

南スーダンに対する人道支援は、金額で見れば、欧米諸国の方がはるかに大きい。例えば、米国は二〇一八年三月に一・八億ドルの対南スーダン人道支援を表明、EUは二〇一七年に南スーダンで一・二億ユーロの人道支援を実施、さらに英国は二〇一七／一八年度に南スーダンで一・四五億ポンドの人道・教育・保健支援を実施、ドイツは二〇一七年八月のジグマール・ガブリエル副首相・外相（当時）の南スーダン訪問に際して九〇〇〇万ドルの人道支援実施を表明している。また、カナダは、二〇一五／一六年度に南スーダンで九七九〇万ドルの人道・開発支援を実施している。世界銀行も、国連の飢饉予防アピールに応じて五〇〇〇万ドルの緊急食糧栄養無償供与を行った。

しかし、日本の緊急人道支援は、現地のニーズを踏まえ、限られた緊急人道支援予算を、人道支援から開発支援への移行、制度・能力構築と人材育成にきめ細かく配分し、実施してきた。一言でいえば、金額的には欧米にはとても及ばない、しかし持てる予算の中で、日本の理念と発想を生かしつつ、どうすれば独自のインパクトを出せるのかを工夫した。それが、「選択と集中」の逆を行く「細切れ作戦」である。

例えば、英国国際開発省は、二〇一七／一八年度に、保健プールファンドに一八七〇万ポンド、女子教育プロジェクトに一四二〇万ポンドを割り当て、南スーダン全体の保健・教育水準の向上に貢献している。これは立派な支援であり、救われる人の数も明確に出せるが、日本の支援を同様に使えば、日本の顔が見えないまま、数件のプロジェクトで予算を使い切ってしまう。そこで、一〇〇万ドル単位の比較的小規模なプロジェクトを国際機関とともに形成し、日本の理念と発想が見える形でパイロット（試験）的に成果を上げた上で、もし可能であれば他の支援国・国際機関とも連携した上でスケールアップを目指す、というアプローチをとったのである。

UNOPS 連携のミンカマン河川港供与式（大使館撮影、2017年４月28日）

†UNOPS連携の河川港整備支援

ミンカマン河川港の建設は、インフラ整備を通じて人道と開発の双方に貢献する取り組みである。そもそも、日本は河川交通の整備を南スーダン開発協力の柱として掲げ、ＪＩＣＡによる支援を行ってきた。しかし、二〇一三年一二月の政治危機により、北部にある南スーダン第三の都市マラカルの河川港整備も途中で頓挫《とんざ》し、ＪＩＣＡはジュバ以外での活動が困難になってしまった。そこで、インフラ整備に強い国際機関である国連プロジェクト・サービス機関（ＵＮＯＰＳ）と連携して、地方の河川港を整備する可能性を検討した。その結果、ジュバから北にナイル川を二〇〇キロほど下ったミンカマン市に河川港を整備すれば、同市が受け入れた一〇万人以上の国内避難民への人道支援物資の輸送コストを大幅に引き下げることができるのみならず、国内避難民を受け入れたホストコミュニティも含め、同地域やその後背地域への物流を改善し、中長期的な開発に役立つことが判明した。

このプロジェクトは、二〇一五年二月の四一〇万ドルの補正予算で手当てすることができた。欧米の支援国・機関は、食料や保健・教育などに直接結びつかない支援を人道支援予算で支弁《しべん》することは困難であり、まさに日本ならではの事業となった。折しも、UNOPSにはプロジェクト担当者として邦人職員一名が配置され、さらに後日技術コンサルタントとしてゼネコンOB一名が配置された。二〇一五年九月に行われた起工式には、南スーダン政府から運輸・道路橋梁大臣、ミンカマン市長、UNOPS事務所長と私が出席し、地元住民からは大歓迎を受けた。工事は迅速に行われ、翌二〇一六年四月には同じく大臣、市長、事務所長と私が出席して完工式が開催された。

「人道支援の一環としてインフラ整備を行うことで、実際に成果が上がり、住民からも歓迎される」という先例になったこと、さらに日本の開発協力方針の下でJICAの河川港整備との相乗効果が期待できることから、本プロジェクトは効果的だったと考える。

翌年度には、UNOPSと連携してボルの河川港整備に取り組んだが、整備場所について地元の青年武装集団から反発を受け、工事の安全性にも懸念が及んだことからキャンセルに至ったことは残念であった。その翌年度は、同じくＵＮＯＰＳと連携して河川交通のはしけ（バージ）の効率的運用に関する調査を実施している。

†複数国・機関連携の回復安定化支援

もう一つの日本らしい支援の柱は、南スーダンの人々の自立に向けての生計支援だ。南スーダンに赴任し、様々な事業の現場を訪れて感じたのは、少なくとも日本の場合は、どの国際機関と連携しても、どのテーマを中核に据えても、コミュニティの現場で支援を行う場合の重要な要素は生計支援になっているということである。

例えば、ＵＮウィメン（UN Women）と連携しての人道支援、国連開発計画（ＵＮＤＰ）と連携しての防災支援や帰還民支援、国連人間居住計画（UN-HABITAT）と連携しての青年センター支援や退役軍人支援など、いずれも手に職のない青年や女性がどのように生計手段を得て自立するかが喫緊の課題であり、それに応えようという支援内容になるのはむしろ当然とも言える。また、地方の州政府の幹部と話していても、ともかく青年の職業訓練と雇用対策に資する支援が喫緊の課題であり、日本からぜひ支援を受けたいとの陳情を各方面から受けていた。

この課題に正面から応えるべく、複数国・機関の連携による支援で取り組みを進めようとするのが、ＵＮＤＰが中核となって構想した回復安定化事業（Recovery and Stabilization Program）である。基本的な発想は、衝突により治安が不安定化している地域で人道支援を展開するのではなく、むしろ一応安定はしているものの、今後失業や食料不足、治安の悪化などが懸念される地域に焦点を当てて、農業や職業訓練を含む生計支援、社会サービス支援、ガバナンス支援を現地主導かつ複数国・機関の連携により包括的に行い、コミュニティの自立と強靭性を高めて安定を確固たるものとしていく、そしてそのような安定化した地域を全国各地に広げていく、というものである。

二〇一六年の夏にＵＮＤＰ次席代表から相談を受け、まさに日本が主導して取り組むべき事業ということで、検討を開始した。ＵＮＤＰは並行して他国や国際機関に打診し、二〇一七年年初には、国として日本、ドイツ、スウェーデン、米国、国際機関としてＵＮＤＰ、国連児童基金（ＵＮＩＣＥＦ）、ＷＦＰ、ＦＡＯ（国連食糧農業機関）の参画を得た委員会が立ち上がった。企画案や調整枠組みもＵＮＤＰの素案をベースに協議し、合意された。対象地域としては、治安面では安定しているが食料生産が不十分で食料危機のリスクが高い南スーダン北部のアウィール州が選ばれた。

二〇一七年六月には、日本（私）、ドイツ、スウェーデン、ＵＮＤＰ、ＵＮＩＣＥＦ、

ＷＦＰ、ＦＡＯ合同視察団が現地を訪問し、アウィール州知事代行や財務大臣をはじめ州政府主要閣僚と協議を行うとともに、日本・ＵＮＤＰ連携で建設途中の職業訓練センターとマーケット、英国際開発省（ＤＦＩＤ）がＷＦＰ・ＦＡＯ連携で支援した農業研修現場、栄養対策を実施中のクリニックなどを視察した。同州では、これと並行する形で日本がＵＮＤＰと連携して地方徴税制度構築事業を開始した。アウィール州として安定的な税収が得られれば、この回復・安定化事業を推進する財源にもなり得る。

私が二〇一七年九月に離任した後も、本事業は着実に進んでいる。アウィール州での成果を他地域にも広めるべく、日本はＵＮＤＰと連携して南スーダン西部のブドゥエ州都ヤンビオでも職業訓練事業を始めている。中央レベルでの様々な取り組みと並行して、州レベルでの行政改善の取り組みが、日本をはじめとする複数国・機関連携の側面支援のもとで進み、横に広がっていけば、南スーダンの地方における不安定要因を除去し、自立的発展を確固たるものにする上で大きな貢献になるだろう。

†ＵＮウィメン連携の女性生計支援

日本は、ＵＮウィメン（UN Women）と連携して、南スーダンのような人道危機の環境下で、どのように女性を支援すれば持続可能な開発につなげることができるのか、事業を検討して実施に移した。検討の結果、一言でいえば、人道危機状況にある女性の生計向上支援を行うことで、人道支援から開発支援への移行を実現できる、というものである。

二〇一五年の三五〇万ドルの補正予算を活用し、首都のジュバ、南スーダン南部国境にある主要都市ニムレ、そして南スーダン中央部で多数の国内避難民を受け入れるミンカマンの三カ所で、パイロット事業を開始した。

二〇一五年七月にはヌクカUNウィメン事務局長が来訪し、ジュバ文民保護（POC）地区でスウェーデンが支援するUNウィメン職業訓練事業の視察に私も同行した。その後、一二月にジュバに関係者を集めて事業開始発表式を開催し、二〇一六年二月にUNウィメン事業部長来訪に合わせてニムレでの農業機具供与式に出席し、事業現場を視察した。さらに、二〇一七年二月にはニムレでの職業訓練卒業式、九月にはミンカマンでの女性センター開所式にも出席した。一連の行事に出席し、支援現場を視察して感じたことは、南スーダン国内各地で厳しい状況に置かれている女性たちを支援するためには、経済的に自立するために「手に職」を付ける機会を提供することが、何よりも大きな力になるということである。

†UNMAS連携の地雷対策支援

南スーダンでは、長年の内戦に加え、独立後の衝突再発による地雷を除去することが大きな課題である。日本は、非軍事的な平和貢献と人間の安全保障の推進の観点から、世界の中でも地雷対策支援を主導する国であり、南スーダン支援に関しても、UNMISS関連予算を除いては最大の拠出国である。

南スーダン在勤中、地雷除去事業の活動現場を視察して機器の操作も体験し、関連行事にも多数出席する中で耳にし、目の当たりにしたのは、地雷は放射能汚染と同じような被害を住民に及ぼしているということである。つまり、地雷があるかもしれないというだけで、農地も学校も病院も空港も全く使えなくなってしまうのだ。しかし、地雷探索という高度に専門的な除去作業を行うことで、使えなかった土地や施設が住民の生活のもとに戻り、自立を支える基盤となる。紛争後の復興を最も平和的に確立する効果的な手段は地雷対策であり、これは平和国家を自任し、積極的平和主義を掲げる日本にふさわしい支援である。

南スーダンの場合、UNMISSの業務を行ううえでも地雷除去が不可欠なことから、国連地雷対策サービス（UNMAS）の活動の多くはUNMISS関連のもので、経費は国連PKO分担金で賄われている。しかし、UNMISSの業務に直接関係がない場所でも、地雷除去や地雷啓発のニーズは極めて多く、それらは自発的拠出金で賄われる必要が

日本の支援による地雷除去作業現場（UNMISS、2015年11月30日）

ある。日本はこの部分で協力しているほぼ唯一の支援国として、南スーダンで存在感を示している。ＵＮＭＡＳ事務所や委託業者には英国などの元軍人が多いが、南スーダンでは日本人職員が配置されていた。

毎年四月四日は「国際地雷デー」で、これを活用して広報に取り組むこともＵＮＭＡＳと大使館の大事な仕事である。二〇一七年には、ＵＮＭＡＳ南スーダン事務所の伊藤悠子職員の尽力により、ジュバの小学校対抗の合唱・演劇コンクール「Risk Factor」を三月に開催した。最優秀賞を獲得したチームは南スーダンのミュージシャンと一緒に地雷啓発ミュージック・ビデオ「Beware!」を製作し、地雷啓発デー式典でシアラーＳＲＳＧ臨席のもと一般公開した。日本関連のイベントということもあり、ＵＮＭＩＳＳ派遣自衛隊第一一次隊のねぶたチームも参加して式典を盛り上げた。この取り組みは、二〇一七年の国連事務総長賞を受賞した。コンクール、ミュージック・ビデオとも YouTube にアップされているので、ぜひご覧いただきたい。

3 国際機関の強みを生かした制度構築・人材育成支援

†ＷＨＯ連携の献血制度構築支援

世界保健機関（ＷＨＯ）連携の献血制度構築支援も、費用対効果の高い形で日本の支援が効果を発揮した例である。二〇一三年一二月、政治危機でジュバに多数の死傷者が発生した際は、ケニアから航空機で安全な血液を緊急輸入しなければならず、新独立国南スーダンで献血制度を整備する必要性が改めて認識された。また南スーダンでは妊産婦死亡率が世界で最悪の水準にあり、出産に加え、マラリアや交通事故、発砲事件などでも輸血が必要となることが多い。しかし、安全な血液を確保するための体制は当時整備されておらず、親類に呼びかけるなどの手段しかなく、手当てが間に合わない事例も多く発生していた。

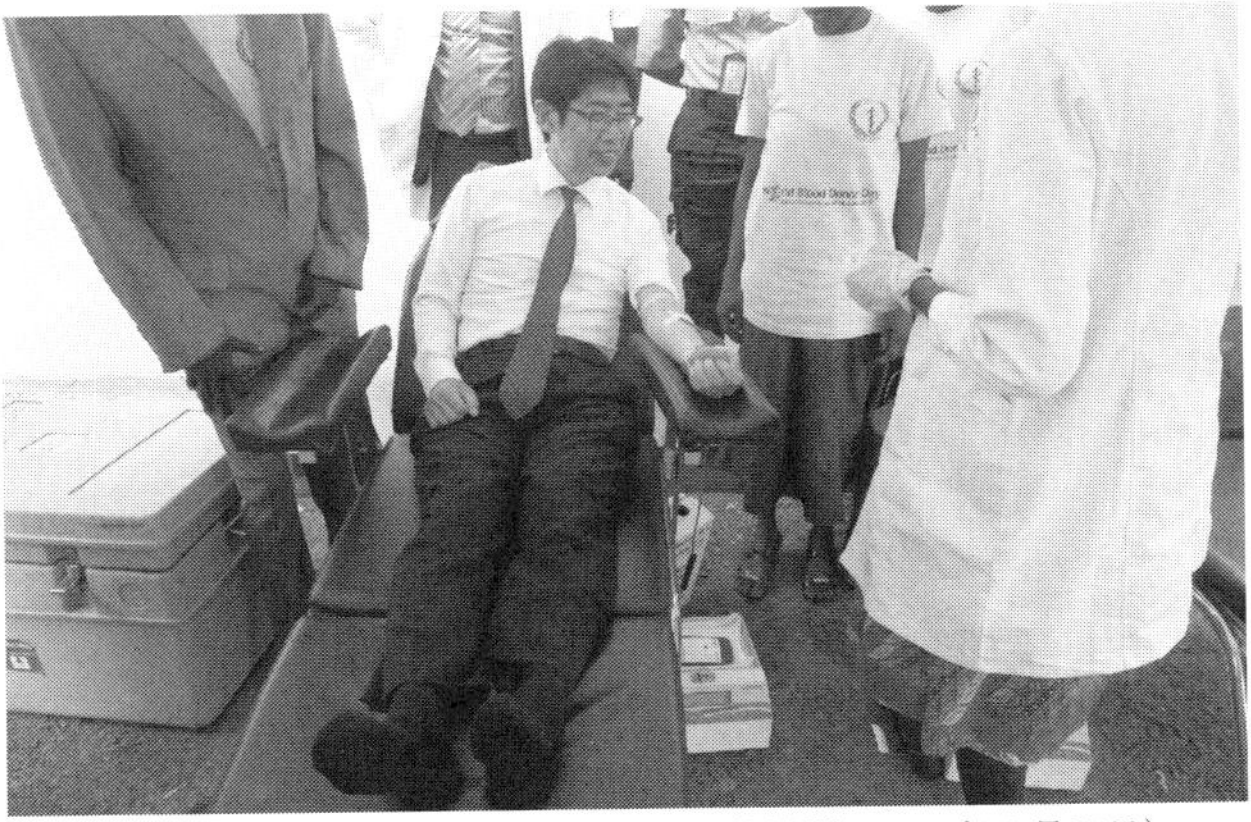
ワウの献血センター開所式での献血（大使館撮影、2017年８月25日）

　そこで、日本は二〇一五年の補正予算の支援を受け、ＷＨＯと連携して、献血制度構築のための支援を開始した。金額的には数十万ドルの規模で、拠点となるセンターや移動式の献血ブースに必要な機材や車両、広報・啓発グッズの調達、研修の実施や啓発行事の開催などを支援した。まずは組織と政策を整備し、衛生の確保や感染症対策など安全性に十分注意しつつ、ジュバでの活動を他地域に段階的に広げていくための取り組みを進めていった。この案件は、国境なき医師団（ＭＳＦ）での活動経験を持つ大使館の村上大樹医務官がＷＨＯの担当者と相談して企画したものである。

　二〇一五年六月一四日の世界献血者デーの行事には、私は他の用事で出席できなかったが、翌日、濱野成《しげる》次席や村上医務官など大使館員が連れ立って、前日は混雑のためできなかった献血に行くという。医務官が安全上問題ないということなので私も参加し、国立献血センターで一緒に献血を行った。センターを運営する保健省の幹部は大変喜び、メディアの取材もアレンジされた。後日、日本国大使が献血している写真とともに、「日本は資金だけでなく血液も『寄贈（donate）』する」との見出しで記事が掲載され、献血の安全性と日本の支援の双方をアピールする上で大いに役立った。

南スーダンでは、そもそも献血の必要性や安全性に関する知識が広まっていないことから、自主的な献血者を得るための啓発活動が不可欠である。保健省は様々な団体に協力を求め、ＵＮＭＩＳＳ部隊が献血に協力したこともあった。国連デーや南スーダン保健サミット会合などの大規模行事の際には、ＷＨＯや南スーダン赤十字は献血ブースを出していたので、私もそのたびに献血を行った。

その後も、年一回の世界献血者デーには必ず出席し、保健大臣から表彰を受けつつ、日本の献血支援について説明した。二〇一七年八月には、南スーダン第二の都市ワウにも献血拠点が設置され、その開所式にも保健大臣と一緒に出席した。

この献血制度整備支援は大変わかりやすい話であるのみならず、本件についてＷＨＯと連携して支援する国は日本だけであり、日本の広報という観点からも大いに役立った。広報に使ったり献血した人に渡したりする帽子、ボールペン、Tシャツ、バッジなどの広報グッズには、中央に保健省のロゴ、その両側に日本とWHOのロゴが配されており、献血を日本が支援していることが一目瞭然である。また、市内各所の大きなパネルやポスターには、同様に南スーダン保健省、南スーダン赤十字、WHOと一緒に日本のロゴが並んでいる。

私が南スーダンに勤務した二年半の間、多数の献血関連の行事に出席して感じたことは、支援額が比較的小規模であっても、適切にニーズを把握し、先方政府の閣僚などが自ら熱心に進めている案件を支援すれば、外交・開発効果とも極めて大きいということである。普段は目立たないが実は重要な支援もある。少額の支援で目立つものばかりを追いかけても、本心を見透かされて却って逆効果だと思うが、規模の大小にかかわらず、真に重要かつ必要な事業を支援してきちんと広報に配慮すれば、気持ちが伝わり、高い評価にもつながると感じた。

また、「国際機関連携支援はJICA支援と比べて日本の顔が見えない」、「邦人職員がいる国際機関を支援すべきである」といった意見もよく耳にするが、必ずしも全ての場合に当てはまるわけではないことに留意すべきである。例えば、WHO連携の献血制度構築支援は、規模も小さく、また邦人職員も配置されるに至っていないが、日本の顔が大いに見える形で、WHOの専門性を最大限に生かした効果的な支援が実現した。国際機関連携支援に批判的な人たちには、このような事例もあり得ることを念頭に置いていただければありがたい。

†UNDP連携の警察支援

南スーダンの警察支援も、日本が数少ない支援国として存在感を発揮した分野である。南スーダン独立後、英国、ノルウェーやオランダも警察分野への支援を始めたが、二〇一三年一二月の政治危機で、南スーダン中央政府、特に治安機関に対する支援は基本的に差し控えるべきとの方針に転換し、手を引いてしまった。

しかし日本は、人道危機の状況だからこそ、治安改善が弱者を助けることになるとの考えのもと、南スーダン警察の能力強化への支援を継続してきた。具体的には、私が着任した二〇一五年の時点で、①女性や子供を保護するための特別保護ユニット（SPU）の設置と運用、②コミュニティ警察の推進による警察と住民との信頼・連携の強化、③緊急通報センター（ECC、日本の一一〇番に相当）の設置と運用、さらには④犯罪統計データベース構築や関連研修なども支援していた。

二〇一五年八月には南スーダン中央部にある第二の都市ワウにUNDP事務所長ととも

に出張し、地方における警察の運用の実情と日本の支援の効果を視察することができた。例えば、治安・法執行機関に十分な資金が回っておらず、警察署にある拘置所には、十分な施設がないまま十数人が一室に拘留されているなど、本当に厳しい状況にあった。また、この機会に視察した刑務所は、男性と女性は別棟となっていたものの、そもそも裁判制度が十分に整備・運用されておらず、収容者の生活や権利保護には大きな課題があると感じられた。

二〇一五年八月の衝突解決合意により、国民統一暫定政府のもとで、ジュバをはじめ幾つかの主要都市に合同統合警察（JIP）を設置し、不偏不党の立場で治安の維持を担うことが合意された。その後、二〇一六年四月に国民統一暫定政府が設置されたが、同七月にマシャール第一副大統領が離脱し、後任者としてタバン・デン第一副大統領が就任したことで、その下にあるJIPがそもそも不偏不党なのか、どのような形で支援することが適当なのかが問題となった。

日本は、衝突解決合意の実施を支援すべく、JIPについても支援予算を確保するとともに、他のドナーとの連携にも取り組んだ。米国は、タバン・デン第一副大統領がSPLM-IOを真に代表しているか否かという点には留保を付しつつ、少なくともジュバ市内でJIPの運用を開始すれば市内における政府軍の存在と役割は低下することが見込まれるということで、支援に加わることとなった。さらに、UNMISSの警察（UNPOL）も、南スーダン警察の側面支援に参画することとなり、JIPを支援するための枠組が立ち上がった。

日本の支援によりJIPの制服が調達され、二〇一七年六月一七日にはJIP研修第一陣の卒業式が国立競技場で行われた。同年八月、私は警察庁長官とともに、同じく日本の支援で設置され、JIPが配置されているジュバ市内の派出所を視察し、運用状況について説明を受けた。

衝突解決合意の時点での構想は、政府・反主流派が合同で運用するJIPがジュバ市の治安にあたるというものであった。しかし、実際にはジュバ市内に以前から南スーダン警察が展開しており、大統領や内務大臣、警察庁長官など政府幹部は既に統合されているので、JIPの枠組を「新たに訓練され規律正しい模範的なエリート要員のグループ」と位置付けて、その要員を既存の警察各部局に配置することで、警察の規律と文化を改善していく、というのがマイケル・チャンジェック内務大臣（SPLM－IOタバン・デン派）の新たな構想であった。同内務大臣は、キール大統領の信任も得つつ指導力を発揮して、ジュバ市内の治安改善に大きな成果を上げてきており、このような新たな構想も、当初の想定とは異なるものの一定の合理性を持つものであった。

IOM 連携の出入国管理訓練学校の開校式（IOM、2017年３月７日）

日本としては、国民統一暫定政府には様々な課題があるにせよ、警察の分野でなるべく包摂的で正当性を持つ部局が立ち上がり、それが有効に機能し幅広い勢力から支持されるとともに、米国をはじめ国際社会からの支援を受けられるように側面支援することが重要だと考える。治安機関が国内的・国際的な信頼を得る形で有効に機能することは、国の発展にとって極めて重要である。日本が、警察支援を継続してきた唯一の支援国として、治安部門改革の第一歩となり得る警察改革の触媒としての役割を果たしていくことを期待したい。

†ＩＯＭ連携の入国管理制度構築支援

国際移住機関（ＩＯＭ）と連携した入国管

理制度構築支援も、日本が誇るべき対南スーダン支援である。空港や国境での入国管理は、ありとあらゆる人的往来の基礎である。日本は、南スーダンの独立当初から、このシステムを構築するとともに関係職員の研修を実施するために、IOMと連携して支援を行ってきた。南スーダン空港に到着し、パスポート・コントロールを通過する時に、IOMと日本のロゴマークが出入国管理のオフィス内に貼られているのが見える。パソコンもソフトも、IOMが世界で展開している入国管理システムを南スーダンに合わせて導入したものである。

南スーダンは大きな国であり、この入国管理システムは未だに整備途上である。私の在任中には、全国で一〇カ所ある国境管理所（border posts）の施設整備を進めるとともに、二〇一七年三月には、完成・引渡し後約二年間にわたり治安の悪化などで運用開始に至っていなかった出入国管理訓練学校の開校式に出席した。

欧米諸国が人道支援を行う中で、その活動の前提となる出入国管理という国づくりを日本が支援して基盤を提供することは、日本として胸を張ることができる支援だと思う。

†UNITAR広島事務所連携の若手実務者リーダーシップ研修

日本が国際機関と連携して行ってきた対南スーダン支援の中で、小規模ではあるものの最もメッセージ性があり、私自身広報に努力してきたのは、国連訓練調査研究所（UNITAR）広島事務所と連携しての南スーダン若手実務者リーダーシップ研修である。

二〇一五年五月、私がジュバに着任した直後、隈元美穂子《くまもとみほこ》UNITAR広島事務所長がジュバを訪問し、同年二月に承認された南スーダン対象の約四〇万ドルの研修事業の具体化について協議を行った。

その結果、目に見える成果を確保すべく特定分野に支援を集中させるよりも、南スーダンの官民の主要機関・部局から、日本の支援分野を中心に二〇名から三〇名程度の若手実務者を広島に招待し、日本の戦後復興の経験を伝えるとともに、南スーダンの官民機関・部局を横断するネットワークを作り上げるのが良いのではないかという構想が出来上がった。また選考にあたっても、各機関・部局から複数名を推薦してもらい、UNITAR側が最終選考することで縁故主義（ネポティズム）を排すること、女性の候補者を必ず一名含むことでジェンダーバランスを確保するなどのアイディアも出され、実施に移された。

第一期生二〇人は、二〇一五年一一月にジュバで、バルナバ・ベンジャミン外務大臣の臨席のもとで開校式を開催し、引き続き研修を行った。さらに、翌二〇一六年一月に広島と東京を訪問し、研修や視察に加え、外務大臣政務官や広島県知事、広島市長をはじめとする要人表敬や国連大学本部でのパブリック・セッションも行い、さらに三月にはジュバで最終研修と卒業式を行った。第二期生二五人は、二〇一六年七月のジュバ衝突による治安悪化の影響を受けて、二〇一六年一〇月にＵＡＥのシャルジャで第一回研修、翌二〇一七年二月に広島と東京で第二回研修を行い、五月にジュバでの卒業式に出席した。第三期生二〇人は、二〇一七年八月のジュバでのオリエンテーションとウガンダのエンテベでの研修、一〇月の広島と東京での研修を受講した。第四期生二〇人は、二〇一八年六月のエンテベでの研修を経て、九月に広島と東京を訪問した。

研修の内容は主にプロジェクト・マネジメントに関するもので、組織内での自分の立場を生かしてどのように外部資金などを動員しながら成果を出していけるか、構想力・実行力を身に付けるカリキュラムとなっている。そこでは、組織内におけるリーダーシップのあり方について考える機会となるのみならず、他の組織にいる同世代の南スーダン人との交流を通じて多くのことを学べる。

さらに、広島や東京を訪問して日本の戦後復興を実感してもらうことで、参加者に強いインパクトを与えられることを期待している。訪日する南スーダン人と接する日本人の側も、南スーダンについて学ぶとともに、日本が南スーダンのような国に多くの示唆を与えられることを自覚できる。広島を訪問した南スーダン人研修員が、ＮＨＫ広島のインタビューで、広島の経験に倣《なら》って自国を発展させたいと話しているのを見て、本当に嬉しく思

アウィールでのWFP／UNICEF連携栄養支援の現場（大使館撮影、2017年5月30日）

った。

この事業は、日本が広島に誘致したUNITAR事務所を、南スーダン、さらには世界の紛争国との関係で最大限に活用できることを実践するものである。広島の原爆と戦後復興の経験は、日本が世界に還元できる大きな価値である。南スーダン事業の実践を通じて、それを内外に示し、広げていきたい。

†その他の国際機関・人道機関との連携

先に説明したとおり、日本は「選択と集中」の逆を行く「細切れ作戦」を展開したため、以上紹介した事例以外にも、多くの国際機関・人道機関と連携して有意義な支援を多数行うことができた。特に印象深かったものを記録に残したい。

ＷＦＰ／ＵＮＩＣＥＦ連携の栄養支援は、栄養分野で専門性を持つ両機関が実質的に中心となって連携事業を組み上げ、各国からの支援を仰いでいた。五歳までに栄養不足だった子供は、それ以後一生悪影響が残るため、この分野の支援は喫緊かつ重要である。日本はＷＦＰを通じて年間数百万ドル規模で支援に参画した。ＷＦＰとＵＮＩＣＥＦは共同で、効果的な役割分担、成果の計測と支援国に対する報告、成果の定着に向けての現地ＮＧＯの活用など、まさにプロフェッショナルな事業運営をしていた。私はアウィールでの活動現場も二度視察した。この事業自体は日本独自の付加価値、というわけではないが、トップレベルの取り組みをしている重要な事業の一端を担い、そこに名を連ね、日本の旗を並べることには大きな意義があると感じた。

それと関連して、ＷＦＰは国連人道支援航空サービス（ＵＮＨＡＳ）を運営している。これは、国連諸機関のみならず国際・現地ＮＧＯを含め様々な人道支援関係者のための定期フライトを提供しており、人道支援になくてはならないものである。日本もこのＵＮＨＡＳを支援しており、ＵＮＨＡＳ機内の前面には他国の国旗と並んで日章旗が掲げられている。これも、人道支援活動への日本の連帯感を表明し、かつ知ってもらうために効果的な支援であった。

ヤンビオ市での「再び学ぼう（Back to Learning）」キャンペーン開始式典で、バコソロ西エクアトリア州知事、ヴェイチUNICEF事務所長と（UNICEF、2015年6月3日）

国連児童基金（ＵＮＩＣＥＦ）については、以前は教育を含め幅広く支援していたが、補正予算額の減少により、水・衛生中心の支援に切り替え、南スーダン第二の都市ワウで成果を上げることができた。さらに、親と子供の再会支援といった、費用対効果の点から支援国を見つけにくい事業についても、南スーダンの人たちに日本人の思いが伝わる事業として少額の支援を行った。その他、ＵＮＩＣＥＦの「再び学ぼう（Back to Learning）」キャンペーン参加や黒柳徹子ＵＮＩＣＥＦ親善大使の寄付による小学校校舎の完成式のために地方に出張し、ＵＮＩＣＥＦと日本の旗を並べて支援することが高い広報効果を持つと実感した。

日本は、国連難民高等弁務官事務所（UNHCR）の主要支援国であり、南スーダンでは米国に次ぐ第二の支援国である。私は南スーダン北東端の都市マバンに出張し、スーダンから南スーダンに逃れた難民や、それを受け入れる地元民のために、医療、教育や水・衛生などの日本の支援が効果的に活用されている実情を視察した。しかし、これらのスーダン難民が二〇一一年七月の独立時に南スーダンに逃れてから既に約五年が経過しており、今後も両国の関係が大幅に改善しない限り帰還が困難であることもわかった。とはいえ、経済的にも厳しい状況にある地元や受入国が難民を長期にわたり受け入れることは困難である。そうした避難生活が長期化する中で、どのように難民の自立を促していくのか、難しい課題だと感じた。

国連人口基金（UNFPA）連携の支援も重要である。日本は母子保健分野の支援に対する幅広い理解と支持があり、私が着任した頃は、JICAのジュバ看護師助産師学校への支援が一段落する一方、大使館はUNFPAと連携しての母子保健支援を強化していた。UNFPAは南スーダン政府と協力して、全国津々浦々のニーズを把握しており、私は日本の支援がどの地域への機材・物資供与に振り向けられているか丁寧な説明を受け、大変心強く感じた。

その後も、特にジュバ、ワウ、ミンカマンなどの国内避難民向けの産科診療所への支援を継続し、現地も視察して支援の有効性を確認することができた。今後、南スーダン政府や他の支援国と連携して、これらの診療所を持続可能なものにしていくことが課題である。また、ＪＩＣＡがジュバ看護師助産師学校の改修を支援した後、ＵＮＦＰＡはカナダ、スウェーデンと連携して運営を支援し、卒業生を継続的に輩出している。これも、日本とＵＮＦＰＡの連携の成果と言えよう。

UN-HABITATは、他の国連機関と比べて小規模であるが、スリランカで軍人の武装解除・動員解除・社会統合（ＤＤＲ）のための住宅建設職業訓練事業の実績があり、南スーダンでも大いに歓迎された。また、UN-HABITATはルワンダでワン・ストップ・ユース・センター事業の展開に成功しており、ルワンダ訪問時に同センターを視察した南スーダンのナディア・アロップ・ドゥディィ文化・青年・スポーツ大臣からも強い要請を受けて、支援を始めることとした。このように、連携する国際機関に個別の事業のノウハウや実績があるかを見定めていくことも重要である。

日本ではあまり知られていないが、南スーダンのような紛争影響国で極めて大きな存在感を持っているのが赤十字国際委員会（ＩＣＲＣ）である。国連とは一線を画し、政府のみならず反政府諸勢力とも信頼関係を築いて、あくまで人道目的のために、医療・保健、水・衛生、食料支援から国際人道法の普及事業まで幅広い活動を行い、大規模な事業展開能力を有している。さらに日本赤十字からも、医師や看護師が常に派遣されている。国や国際機関と一線を画す必要があるため、日本がＩＣＲＣと連携して人道支援を行っても日章旗を掲げることができないが、人道支援に大きな役割を果たしていることから日本は継続して支援している。

私の在勤時には、ジュバ軍事病院に在勤する日本赤十字の看護師を訪問する機会に日本の支援を記事にしてもらい、南スーダンでも報道してもらうことができた。こうした日本のＩＣＲＣ連携支援の意義について、見えにくいからこそ、より多くの人たちに知ってもらいたい。

なお、南スーダン在勤中の二〇一六年三月に、根本かおる国連広報センター所長が南スーダンを来訪し、国連ＰＫＯ派遣自衛隊及び国連邦人職員を取材した。その後、世界人道サミット、第６回アフリカ開発会議（ＴＩＣＡＤⅥ）、国連デーなどの機会に、日本が支援する国連機関の活動や南スーダンで活躍する様々な日本人を紹介いただいた。心から感謝したい。

第六章

NGO支援
——現地NGOと連携した展開

ジュバ市内グデレ地区の小学校に寄贈されたトイレ施設。ジャパン・プラットフォームの資金で、ピースウィンズ・ジャパンが現地NGOのTHESOとともに実施（大使館撮影、2017年4月3日）

南スーダンが人道危機と開発課題に直面する中で、諸問題に取り組むために、多数の国際ＮＧＯや現地ＮＧＯが活動している。これらのＮＧＯが活動する上で、どのような問題が発生し、どのように対処しているのか。そして、日本のＮＧＯはどのような役割を果たしているのか。国際ＮＧＯや現地ＮＧＯとはどのように連携・協力を進めていくべきなのか。現地で見聞きしたことを紹介しながら、一緒に考えていきたい。

1　国際ＮＧＯ・現地ＮＧＯと南スーダン政府の関係

†国際ＮＧＯと現地ＮＧＯ

南スーダンでは多数の国際ＮＧＯが活躍している。現地での実感としては、国際機関や支援国から業務委託を受けて事業実施団体として活動する国際ＮＧＯが相当多いが、国境なき医師団（ＭＳＦ）など一部の国際ＮＧＯは堅固な独自資金の基盤を持ち、自らの判断で独自の支援を展開している。

例えば、日本は南スーダンで国連難民高等弁務官事務所（ＵＮＨＣＲ）の活動を支援しており、具体的には北東部マバンにあるスーダン難民キャンプで、水・衛生、教育、保健などの支援を行っている。私がＵＮＨＣＲ邦人職員と一緒に現地を視察した際、この水・衛生事業を受託・実施していたのは、フランスのＮＧＯのＡＣＴＥＤ（Agency for Cooperation and Technical Development）であった。彼らはマバン以外にも南スーダン各地、さらには世界各国で活動を行っている。また、学校の運営は、米国に本部があるＮＧＯのSave the Childrenが受託していた。これらの国際ＮＧＯの地方事務所は、ＵＮＭＩＳＳや国連機関の事務所のすぐ近くにあり、緊急時の対応・退避などについても国連と緊密に連携して安全を確保している。

その他、Concern Worldwide（アイルランド）、ＰＳＩ（米国）、Danish Refugee Council（デンマーク）、INTERSOS（イタリア）、ＢＲＡＣ（バングラデシュ）など、欧米を中心とした各国のＮＧＯが南スーダンに事務所を置いて、活動を展開している。また、キリスト教を背景に活動しているＮＧＯも多い。

これに対し、現地ＮＧＯはさらに数が多い。南スーダンＮＧＯフォーラムには、国際ＮＧＯが一一五団体に対して、現地ＮＧＯは二〇五団体が登録されている。コミュニティ開発や女性支援などの公益を目的に掲げ、何らかの形で外部資金を調達しながら活動を展開している。大規模なものは、国際ＮＧＯと同様に、国際機関や支援国の業務委託を受け、事業実施団体として活動している。

†NGO法・NGO規制をめぐる議論

南スーダン政府は、南スーダンに対する援助資金の多くが、国際NGOの国際職員の給与や手当に使われているのではないかといった懸念を抱いており、私の在任期間中は、NGO法やNGO登録などの諸規制をめぐる議論が、南スーダン政府、支援国とNGOの間で頻繁に行われた。

南スーダン政府は、「東アフリカの近隣国も含め、国際・国内NGOは一定の規律に従う必要があり、外国人の労働許可やNGO登録料を東アフリカの近隣国と同様の水準まで引き上げることは、主権国家として当然認められるべき」と主張して、以前の額の一〇倍以上の負担金引き上げを試みた。

これに対し、国際NGOの出身元かつ支援元である欧米諸国は、「現在は人道危機が悪化している最中であり、外国からの支援や寄付はまさに困っている南スーダン人に対して向けられているものである。そのような緊急事態にあって、南スーダン政府が大幅に各種の負担金を引き上げるのは支援を妨害する行為であり、支援や寄付を委縮させる結果につながるので認められない」と反論し、それでも負担金の引き上げを強行するのであれば、南スーダンへの援助を減額する方向に動かざるを得ないとまで主張した。

このような議論は、往々にして財務大臣や第一副大統領まで上がって議論され、結局は南スーダン政府が折れる形で決着することが多かった。しかし、南スーダン政府関係者は必ずしも納得しているものではなく、このような問題は今後も再燃する可能性がある。

2 日本のNGOによる活動

†日本のNGOの安全確保

南スーダンでは、これまで述べたとおり世界有数の人道危機が進行していることから、日本の人道・開発NGOも、二〇〇五年の南北スーダン包括和平合意後、二〇一一年の南スーダン独立前から多数入り、活動してきた。特にNPO法人ジャパン・プラットフォームは、二〇〇六年から傘下のNGOを通じて各種の活動を継続的に展開してきた。

しかし、二〇一三年一二月の政治危機により南スーダン国内、特に地方の治安が悪化し、国内での支援が大幅に制約されることとなった。二〇一四年一〇月にはジュバの危険情報はレベル3（渡航延期勧告）に引き下げられたものの、それ以外の地域はレベル4（退避勧告）が維持された。邦人の安全確保を重視する日本政府の方針の下で、国費を投入するジャパン・プラットフォームの活動としては、邦人のジュバ滞在は出張ベースでのみ、ジュバ以外は退避勧告地域なので出張すら認められないという基準で活動が制約された。その結果、NPO法人「難民を助ける会」は、南スーダン南東部のトリトでの水・衛生事業の継続を断念し、撤収することとなった。

私自身、現地に在勤して感じた問題意識は、国連諸機関から業務委託を受けて活動している国際NGOは、地方でも国連と緊密に連携しつつ、安全に配慮して活動しているので、日本のNGOも同様に安全上の配慮をすれば活動できるのではないか、というものである。しかし、地方都市については大使館としても安全面で迅速に対処することが困難である。人道目的とはいえ、国費を使う以上は国益のためということになる。海外における邦人の安全確保は政府の最重要課題なので、単に「人道支援は有意義」、「外国人の人道関係者が多数活動しているので日本人も活動できるようにすべき」といった理由だけでは、国費を使って、すなわち国益のために、日本人のNGO職員に危険地域での活動を認める理由として十分ではないと考えた。

日本人による人道支援活動のために、どの程度の安全上のリスクを受忍するかは、政治的な判断に関わる問題である。少なくともこれまでは、国費による日本のNGOの人道支援は、国際機関や国際NGOと同様の高い安全リスクをとっても行うべき、といった議論は広くは行われてこなかった。しかし、最近はこの点について、日本のＮＧＯ内のみならず、政治レベルでも議論が始まっている。日本のＮＧＯが国際水準での活動を行うための障害が少なくなるよう、日本国内での議論と理解が深化し、必要な対策や措置を取れるようになることを期待している。

†ピースウィンズ・ジャパンの水・衛生支援

ジャパン・プラットフォームの南スーダン国内での活動がジュバへの出張ベースのみに制限される中で、ピースウィンズ・ジャパン（ＰＷＪ）、日本紛争予防センター（ＪＣＣＰ）、ワールド・ビジョン・ジャパン（ＷＶＪ）の三団体は、南スーダン国内での活動を継続し、それぞれ独自の成果を上げていた。大使館としても、各団体の活動の安全性に配慮を払いながら最大限の支援を行い、私自身、活動現場への視察や行事での挨拶、メッセージの発信などを行ってきた。ここでは、その中で見たこと、感じたことを紹介したい。

まず、ピースウィンズ・ジャパンは、現地ＮＧＯのＴＨＥＳＯ（The Health Support Organization）と連携しながら、ジュバの第一文民保護区（ＰＯＣ1）、ジュバ近郊のグンボにあるサレジオ（ドン・ボスコ）修道会運営の国内避難民キャンプを中心に、水・衛生支援としてトイレの設置や小学校などでの教育・啓発活動を行っていた。

ＴＨＥＳＯ代表からは、ピースウィンズ・ジャパンによる様々な支援やアドバイスを受けた結果、他の支援国・機関からの支援も得られるようになり、ジュバＰＯＣで水・衛生の業務委託を受ける主要なＮＧＯとして活動を拡大できたとの感謝の声を聞いた。

赤澤亮正《りょうせい》内閣府副大臣が自衛隊の活動視察のためにジュバを訪れた際、ピースウィンズ・ジャパンの清水貴子職員の説明を受け、ＴＨＥＳＯとの連携による支援現場を見て活動振りを大変高く評価していた。

また、サレジオ（ドン・ボスコ）修道会が運営する国内避難民キャンプに隣接する小学校にトイレを寄贈する式典を行った際は、ピースウィンズ・ジャパンの清水職員のみならず、日本からジャパン・プラットフォーム南スーダン担当の板倉純子職員も参加し、自衛隊員による太鼓演奏、衛生クラブの子供たちによる手洗い教育の寸劇など、大変心温まる機会となった。

その後、ピースウィンズ・ジャパンは遠隔支援の困難を乗り越えて、ジュバ市内でも支援対象の小学校を拡大し、さらに他地域で活躍したシエラレオネ人職員を現地事務所に配置することで、南スーダンの国内他地域での支援の体制整備を始めた。

南スーダンを支援する日本のＮＧＯの多くは、安全上の制約から、ウガンダ・ケニア・エチオピアといった周辺国での難民支援を中心に活動を行い、大きな成果を上げている。

トイレ供与式で手洗い教育の演劇を披露する衛生クラブの子供たち。後方が供与されたトイレ棟（大使館撮影、2015年10月6日）

しかし、難民が本国に、そして故郷に帰り生活を再開できるようにするためには、南スーダンの国内での環境を改善し、自立した生活を行えるよう支援することが重要である。このようなピースウィンズ・ジャパンの意欲的な取り組みも、今後応援していきたい。

†日本紛争予防センターの和解支援

日本紛争予防センター（JCCP）は、数ある日本の国際NGOの中でも、草の根の紛争予防と和解推進に専門性を持ち、アフリカではこれまでケニアやソマリアでも活動してきた。南スーダンでは、これまでジュバとその近郊で、ストリートチルドレンに対する啓発教育や若者に対する職業訓練、そして女性に対する暴力の被害者支援や生計向上などを通じた予防活動を行ってきた。前記のサレジオ修道会とも協力して、小学校に隣接した場所にチャイルド・フレンドリー・スペース（遊具施設、研修コーナーなど）も設置しており、子供たちの遊び場としてのみならず成人の研修にも活用されていた。

さらに、私が着任した頃から、南スーダン独立前から二〇年以上にわたり非暴力・平和共存啓発活動を行っている現地NGOのONAD（Organization for Nonviolence And Development）と連携して、様々なコミュニティを対象に、暴力でなく対話を通じた紛争解決のためのワークショップを開催する事業を新たに始めた。南スーダンでの民族間の対立と抗争の歴史は根深いものがある。日本の知恵やアフリカ諸国での経験も生かしながら、現地NGOをサポートすることで、南スーダン人自身による和解推進の努力を後押しする試みである。

日本紛争予防センターは、野菜栽培作業を通じた自立と和解の支援にも取り組んでいる。二〇一六年一〇月から、日本のロータリークラブの助成により、ジュバ孤児院での事業を始めた。農具や野菜・穀物の種を提供し、院内の土地で野菜・穀物栽培の方法を学びながら実践し、食糧の一部を自分たちで確保できるよう支援する。受益者は、孤児院の子供九〇人と職員一〇人の計一〇〇人で、子供たちが成人して孤児院を出てからの経済的自立に

野菜栽培を通じた対話・融和促進事業（JCCP、2016年８月）

も寄与できる。二〇一七年五月、自衛隊施設部隊がこのジュバ孤児院を慰問した際、このＪＣＣＰの野菜栽培事業についても感謝の言葉を受けた。

さらに、同年末からは、ジャパン・プラットフォームの事業として「紛争管理研修」と、野菜栽培・食品加工といった「共同作業の機会の提供」を組み合わせる取り組みも始めた。多民族のグループからなる地域コミュニティ内の融和を促進し、政治や民族問題などの大きな争いに左右されない強い地域コミュニティを作り、次世代のリーダーを育成することを目指している。

私はこうした取り組みが、単に社会サービスを提供するだけではなく、草の根が抱える問題を理解し、その解決のために具体的な事業を試行するものであり、メッセージ性もある良い支援だと考えている。今後、このような支援がスケールアップされることを願っている。

†ワールド・ビジョン・ジャパンの教育支援

ワールド・ビジョン・ジャパンは、現地の提携団体であるワールド・ビジョン・南スーダンと連携して、なかなか顧みられない南スーダン国内の遠隔地での教育支援に取り組んでいる。旧西エクアトリア州のタンブラ郡は、南スーダンの中でも最も僻地で、教育が行き届かない地域である。そこで、子供たちのために、ジャパン・プラットフォームの一二五万ドル規模の資金を活用して、単に学校施設を整備するのみならず、政府職員、学校管理関係者、教員の研修による能力強化・連携推進を通じて、郡の教育システム全体を強化する取り組みを二〇一五年八月から開始した。

ここでの大きな課題は、安全上の観点から、彼らが現地入りできなかったことである。当初から、ワールド・ビジョン・ジャパンの日本人職員は現地のタンブラ郡に入ることができず、首都ジュバを出張ベースで訪問して各種調整を行うにとどまっていた。二〇一六年七月のジュバ衝突以降は、ジュバ出張さえもできなくなり、ワールド・ビジョン・南ス

タンブラ郡のマピソ小学校校舎完成式（提供：ワールド・ビジョン・ジャパン、2017年6月1日）

ーダンとはスカイプやメールでの連絡に加え、ケニアで定期的に事業調整会議を行うことで、事業の実施を継続したとのことである。

この教育支援の初年度事業で建設された二つの小学校の完成式は治安悪化のために見送られ、翌年度事業で続いて建設されたタンブラ郡マピソ小学校の校舎完成式が二〇一七年六月に行われた。

事業開始当初は、その時点までに治安が改善し、ワールド・ビジョン・ジャパンの日本人職員とともにタンブラ郡現地で校舎完成式に出席できることを期待していたが、それは叶わなかった。それでも、日本国大使からのメッセージを送って現地の式典で読み上げてもらい、式典後には大使館との共同プレスリリースを写真と一緒に広く配布した。大使館としても事業を側面から応援することができたのではないかと思う。

二年間、ワールド・ビジョン・ジャパンの支援を見ていて強く印象に残ったのは、現地に入れないにもかかわらず南スーダンの人たちのことを思う彼らの熱意である。紛争と貧困の前線の地に入れない中で、そこで生活する人たち、特に子供たちの生活に思いを馳せ、ジャパン・プラットフォームの資金を最大限効果的に活用するために、遠隔支援に弛《たゆ》まず取り組んできた努力に敬意を表したい。

二〇一八年七月、ジュバ衝突発生から二年を経て、ようやくジャパン・プラットフォームとその傘下の日本のNGOがジュバを訪問して、安全確認のための調整を開始した。その中にはピースウィンズ・ジャパンやワールド・ビジョン・ジャパンの職員もいた。ジュバですら安全確保には予断を許さない状況であるが、最大限の対策をとりながら、日本のNGOならではの力を南スーダン国内で発揮し、南スーダンと日本の大きな架け橋となってほしい。

3　草の根・人間の安全保障無償の威力

†イタリアＮＧＯの保健人材研修センター

ＮＧＯ連携支援として、ジャパン・プラットフォームによる活動と並んで日本の存在感を高めたのは、大使館が実施している草の根・人間の安全保障無償資金協力、いわゆる「草の根無償」であった。

「草の根無償」は、通常数億円規模で実施するＪＩＣＡや国際機関連携支援と異なり、原則として一〇〇〇万円が上限の比較的小規模な支援である。しかし、大使館として資金管理や事後評価をしっかりと行うことを前提に、現地のＮＧＯをはじめ様々な実施団体と柔軟に連携して、現地のニーズに即したきめ細かな支援を実現できることが強みである。

実際のところ、南スーダンの様々な団体から日本国大使に対して協力の要請があるが、単に「できません」と断るのではなく、「大使館として支援するスキームがあるので、競争率は高いものの、一定の条件を満たし、本当に良い事業と認められれば支援できます」と説明して、「草の根無償」のパンフレットと申請フォームを渡せば、次の協力につなげることが可能となる。南スーダンの場合は、年間平均三件程度の実績があり、これをどのように効果的に活用できるかが課題となった。

私の着任時に前任者から引継ぎ、任期中に完成式典に出席できたのが、ＯＶＣＩというイタリアＮＧＯの保健人材研修センターである。歴史的に、南スーダンではイタリアのキリスト教関係者が布教活動とともに様々な慈善活動を行ってきた。二〇一三年一二月の政治危機発生後、地方での「草の根無償」の実施が困難となり、ジュバも相当混乱していた時にも、目に見える効果的な支援活動をジュバで行っていたのがＯＶＣＩであった。彼らはイタリア国内で身体・知的障害児童保護施設のネットワークと技術を持っており、それを基盤に世界各地で支援活動を展開している。南スーダンでは、一九九〇年代の内戦中もジュバを離れず、多数の国内避難民を引き取ったとのことである。私も幾度か施設を訪問したが、イタリア国内各所から、医師、看護師や学生をはじめとするボランティア・インターンが常に滞在しており、イタリア本国の基盤がしっかりしていると感じた。

この団体は、身体・知的障害児童のための病院と学校を運営しているのみならず、医療・看護教育にも事業を拡大している。大使館は、この団体からの要請を受けて、ジュバ市の保健医療関係者の研修を行うための施設を供与することとし、「ジュバ市及び周辺地域における母子保健医療実務者に対する能力強化計画」と銘打って事業を企画した。施設管理体制がしっかりしており、会計管理や建設工事の施工管理も信頼できるものであった。

二〇一五年一一月にジュバ市保健省からの出席も得て施設竣工式を実施した。南スーダン人の知的障害児童が一生懸命に合唱している姿を見て、このような施設・団体への支援に日本も参画することが、日本に対する評価を高めることになると感じた。その後、二〇一六年三月に行ったODA視察ツアーで、メディアに対して同施設を紹介した際も、高い評価を聞くことができた。

✝ジュバ近隣州での支援開始

その翌年の二〇一五年度採択分は、ジュバ市内のブルク眼科センターへの入院棟建設でドイツ国際NGOのCBMと、旧東エクアトリア州のラフォン郡の小学校建設支援で現地NGOのCRDFと、トリト州イド郡の水供給システム支援でスイス国際NGOのカリタス・スイスと、また「草の根文化無償」として陸上競技機材・倉庫・競技場フェンス供与で南スーダン陸上競技協会とそれぞれ事業を立案し、二〇一六年二月から三月にかけて署名式を現地で開催した。その後、二〇一六年七月のジュバ衝突の影響で地方での事業立案が困難な中、二〇一六年度採択分はジュバ市内のコミュニティ小学校九校への井戸供与で現地NGOのNWERO、ロック・シティ小学校校舎建設で現地NGOのイキロと、二〇

ジュバのコミュニティ学校への井戸供与事業開始式（大使館撮影、2017年3月17日）

一七年三月に署名式を現地で開催した。

一連の「草の根無償」の署名式に出席して感じたことは、良い活動を行っている諸団体と関係を構築することの意義である。日本、特に大使館として、小さい陣容のもと直接取り組むことができる事業は限られている。しかし、国際NGO、現地NGOを問わず、良い活動を行っている諸団体と、具体的な支援事業の実施という形で関係を取り結ぶことで、大使館、さらには日本政府としてどのような活動を支援するのか、どのような団体と連帯するのかを広く示すことができる。個々の支援額が限られているからこそ、行動とメッセージを組み合わせて示すことが大事だと感じた。

†現地NGOネットワークでの説明会

二〇一七年に入り、ジュバ衝突後のローテーション体制が終わって館員も本来の配置に戻ったので、中原隆伸経済協力班長のイニシアティブで、初めての試みとして、南スーダンNGOネットワークと連携し、現地NGOに広く声をかけて、草の根・人間の安全保障無償説明会を開催した。現地NGOの関心は大変高く、約六〇団体、一〇〇名近くの参加者が参集した。

冒頭に私から挨拶した後、中原経済協力班長と担当の現地職員からスキームの概要、南スーダンにおける運用方針、これまでの実績と今後の見込みなどについて説明を行った。これに対し、席上数多くの質問や問題提起が行われ、このように透明性のある形で広く現地NGOと対話することの意義を感じた。

南スーダンでの「草の根無償」の採択枠は小さいことから、事業を通じたインパクトは限られたものであるが、このような形で現地NGOとの対話・連携の枠組を設けることで、日本政府の善意や考え方を、実際に援助を供与する団体を超えてはるかに多くの団体に伝えることができると実感した。

4　フェアトレード・ビジネス

†南スーダン産ハチミツの輸入

南スーダン着任以来、一つの課題は、ビジネスを通じて日本の南スーダン平和構築支援を実現することだった。二〇一五年一〇月に一時帰国した際、地元の横浜で開催されていた「国際フェスタ」に、マラウイとケニアのハチミツを販売しているブースがあった。同ブースの「オフィス五タラント」の水野行生《ゆきお》社長に相談したところ、南スーダンからのハチミツの輸入にも関心があるという。

南スーダンに戻り、早速調べてみたところ、ハニー・ケア・アフリカというソーシャル・ビジネスが南スーダン産ハチミツを生産・販売していた。そこで、工場を訪れて現状を確認し、同社を水野社長に紹介するとともに、サンプルのハチミツを次の一時帰国時に持ち帰って送付した。水野社長からは、味も良く、成分分析結果も良好とのことで、輸入・販売の準備が始まった。

二〇一六年七月のジュバ衝突で手続きが若干遅れることとなったが、同年後半にハチミ

WAW！2016基調講演のため訪日したアウット南スーダンジェンダー担当大臣に南スーダン産ハチミツの日本向け製品を贈呈、左が水野社長（大使館撮影、2016年12月16日）

ツを輸入し、日本でビン詰めの上、一二月に販売が開始された。私の知る限り、石油を除き、独立後の南スーダンから日本に商業ベースで輸入された製品の第一号である。

ちょうどその頃、国際女性会議（WAW！2016）の基調講演者として南スーダンからアウット・デン・アュイル・ジェンダー担当大臣が訪日していたので、水野社長が製品を手渡しつつ報告した。私も、南スーダンに帰国した後にキール大統領、ディエウ・ダウ財務・計画大臣、モーゼス・ハッサン通商産業大臣に、日本でビン詰めされた南スーダン産ハチミツを手交し、南スーダンの農産品の対日輸出が初めて実現したことを伝え、南スーダンのメディアでも広く報道された。また日本でも、南スーダン産ハチミツの輸入について東京新聞が写真入りで報道した。

†コーヒーとシアバター

ハチミツの対日輸出の成功に続き、南スーダン産品のプロモーションができないか、二年半の在勤期間中、候補商品を探してきた。南スーダンの顔になるような良い製品ができれば、外国での南スーダンの存在感やイメージの向上につなげることができる。

一つは南スーダン産コーヒーである。国連食糧農業機関（FAO）南スーダン事務所や在南スーダン米国大使館の警備責任者を務めたドミンゴ・ルイス氏はコーヒー業者の家系で、個人の取り組みとして南スーダン国内のコーヒー農園を回り、スペシャルティ・コーヒーの製造販売を始めている。自宅で製造し、ジュバのスーパーに卸している程度で規模が小さいが、味もパッケージ・ブランディングも一級品だ。南スーダン人と事業を拡大する計画があるとのことなので、今後発展し、対日輸出につながることを期待している。

また、ルル・ライフのシアバター石鹼も高品質で好評だ。シアバターは木の実からとれる油脂で、西アフリカが主な産地だが、南スーダンでも高品質のものが採取できる。安価で高品質かつシンプルなパッケージ・デザインで、「Made in South Sudan」と書いてあるので、この石鹸も将来の対日輸出が実現するよう願っている。

第七章
危機管理
――平和構築支援の安全確保

クジュール山から見下ろしたジュバ市。この1カ月後に周辺で衝突が発生した。
（大使館撮影、2016年6月12日）

本章では、危機管理体制を構築するために、国連PKOであるUNMISSとの連携及び南スーダン政府の治安機関との連携が不可欠であることを説明したい。その上で、二〇一六年七月のジュバ衝突と国外退避の経験から得られた課題と教訓について述べる。最後に、日本が平和構築支援を推進する上で、自衛隊、JICA、国際機関、NGOを横断する課題として、安全対策が鍵となることを指摘したい。

1　危機管理体制の構築

†UNMISSとの連携

南スーダンに赴任するにあたって、国連PKOが展開したカンボジアと旧ユーゴスラビアで国連事務総長特別代表（SRSG）を務めた明石康氏にご挨拶に伺った。国連PKOの章でも述べたが、その際に受けたアドバイスで特に印象に残っているのは、「SRSGと電話で直接連絡できる関係を構築せよ」というものである。緊急事態では、即座の判断や行動が求められる。情勢が刻一刻と変化する中、現地の国連から最新の情報を入手し、必要な交渉を行うためには、SRSGと直接話すのが一番である。

南スーダンに赴任してから、UNMISSの責任者であるデンマーク出身のエレン・ロイSRSGと、その後任のニュージーランド出身のデイビッド・シアラーSRSGとは、各種の会合で顔を合わせるのみならず、政治・治安情勢や自衛隊施設部隊との関係などについて先方のオフィスで会談を行う機会を持った。また、大使館が仮入居しているホテルのプールサイドで、年末年始をジュバで過ごす外交団のために「おせち料理の会」を開いた時にも招待し、各国大使とともに参加してもらうなど、良い関係を築くことができた。

そして、二〇一六年七月にジュバ衝突が発生した際にはロイSRSGに、自衛隊施設部隊の撤収の際にはシアラーSRSGに、至急の協議を行うため直接電話連絡を取ることが実際に必要となった。

UNMISSは巨大な組織であり、危機管理に関わる部局は多い。まず重要なのは、国連安全保安局（UNDSS）である。UNMISSのみならず南スーダン全土に展開するすべての国連職員の安全管理を行っている。この部局が南スーダンの政治・治安情勢をどのように判断し、国連職員の行動をどのように規制しているのかを把握することが、日本の対応を考える上での基礎になる。ジュバ衝突による国外退避オペレーションの際には、このUNDSS長に幾度も電話して最新状況を確認した。

また、政治・治安情勢について、中長期的な観点からの情報収集・分析といった「インテリジェンス」を担当するのが情報部（ＪＭＡＣ）である。文民と軍の職員の双方がおり、自衛隊司令部要員がデータ管理要員として配置されている他、私の在勤当時は邦人職員も勤務していた。情報部はＳＲＳＧ直轄の部局であり、その分析は大いに参考になった。

それに加えて、南スーダン政府等関係者とＵＮＭＩＳＳとの政治面での調整を担当する政務部がある。経験豊かで日本の国際大学にも留学したことのあるガーナ人のセス・クミ部長の下、邦人の坪井麻記職員もいた。同部との連携は、ＵＮＭＩＳＳの見方や取り組みを迅速に把握し、日本の対応を検討する上で大いに役立った。

†南スーダン政府治安機関との連携

南スーダンでの危機管理で同様に重要なのは、政府の治安機関との太いパイプである。治安機関の内情を把握するのは必ずしも容易ではなく、国連や南スーダン政府関係者をはじめ各方面からの情報をもとに、着実な人脈構築に取り組んだ。

第一に、国防省・政府軍である。緊急事態の発生時には政府軍が展開するので、情報収集と対話のチャネルを確保するために、軍関係者とは努めてコンタクトを保った。国防大臣、国防副大臣、国防次官、参謀総長、対外関係局長、報道官とは機会を捉えて会談し、秘書官も含めて携帯電話の連絡先を入手した。実際、二〇一七年三月に、自衛隊施設隊員

ピエン・デン警察庁長官への表敬（大使館撮影、2015年6月26日）

が政府軍の兵士に誤って連行された際、国防省対外関係局長にすぐに連絡をとることで、迅速な対応と謝罪を促すことができた。

第二に、内務省・警察である。外交団警察（Diplomatic Police）を含め、平時におけるジュバ市内の治安の維持に一義的責任を持つのは警察と、それを監督する内務省である。政府軍と反政府勢力が衝突するような状況下では警察の能力は限られているが、そのような事態にならない限り、警察が諸事案に対処する。特に、日本は長年南スーダンの警察支援を行ってきたことから、内務大臣や警察庁長官との信頼関係が存在している。そのため、二〇一六年七月のジュバ衝突の際は、旧知の前警察庁長官と連絡がつき、在留邦人の安全確保のための武装警察要員を増やすことができた。

第三に、国家安全保障局である。日本の公安調査庁同様に内外の諸団体・テロ組織に関する情報収集・分析を行うのみならず、最新の装備と訓練された要員を擁して緊急時に出動する能力を持つ。政府軍が力を持ちすぎることへの対抗勢力として、この国家安全保障局の能力が強化されたとの見方もある。二〇一六年七月のジュバ衝突時に、テレイン・ホテルで民間人が南スーダン治安関係者に危害を加えられた際、この南スーダン治安関係者を排除したのが国家安全保障局の緊急対応チームであった。国家安全保障局はなかなか表に出てこないが、影の実力者と言われる同局担当大臣と同局対外関係局長の双方に直接面会し、緊急時の邦人保護などについて協力を要請した。

第四に、ジュバのあるジュベック州政府を通じたチャネルである。二〇一六年七月のジュバ衝突で特に感じたことは、南スーダン政府部内の現場に近いところに情報が下りてくるということである。ジュベック州は、緊急事態発生時に備えての計画の策定を始めたので、州知事代行を訪問し、説明を受けるとともに緊急連絡先を入手した。

いずれにせよ、緊急事態が発生した際には、治安関係者は皆多忙になり、電話で連絡をとることが難しくなる。その中で電話をとってもらえる人間関係を築くこと、そして電話する相手先をできるだけ多く持っていることが、迅速に対応するための保険になる。緊急事態はいつ発生するかわからない。それに備えて、日頃から積極的に治安機関関係者にアプローチし、広く情報収集するとともに、関係構築に努めることが重要である。

†在留邦人との連絡体制

南スーダンは治安状況が厳しいことから、大使館の最重要任務は在留邦人の保護である。そのため、大使館領事班はＪＩＣＡ事務所、事業関係者や個々の在留邦人と毎週連絡をとり、所在地と連絡先を常に把握していた。また、四半期ごとに安全対策連絡協議会を開催して、最新の政治・治安情報を提供するとともに、在留邦人からの要望や懸念事項に応えるよう努めた。

在留邦人から受けた質問の一つは、緊急事態発生時の自衛隊施設部隊の対応であった。大使館からは、緊急事態の発生時には、自衛隊施設部隊とも連絡を取りつつ、個別の状況に応じて可能かつ適当な対応を取る考えではあるものの、在留邦人の保護はＵＮＭＩＳＳに派遣されている自衛隊施設部隊の本来の任務ではないので、まずは自らの安全は自ら確保するとの心構えで安全管理に取り組んでほしいと伝えた。

2　ジュバ衝突への対処

†初動対応

ここで、危機管理の実践例として、二〇一六年七月のジュバ衝突に際して大使館がどのように対応したかを紹介したい。七月七日、ジュバ市グデレ地区で、政府軍と反主流派（ＩＯ）要員が衝突した。これを発端に、衝突は市内各所に拡大し、ジュバの治安は大幅に悪化した。そのため、ジュバ在留邦人の大半（約五〇名）が国外退避し、残っていた大使館員もＵＮＭＩＳＳ日本隊宿営地に一時避難することとなった。

衝突発生前の七月二日、ジュバ市内の店でＩＯ側幹部が何者かに殺害され、政府軍とＩＯ部隊の緊張が高まり、七月六日には市内各所での検問が強化され始めた。七月九日には南スーダン独立五周年記念日を迎えることもあり、在留邦人には「独立記念日に伴う注意喚起」を行って対応を促していた。

その翌日の七日晩に、政府軍とＩＯ要員の間で小規模の衝突が発生した。この情報をすぐに察知し本省に報告するとともに、翌八日朝に緊急館内会議を開いて危機管理体制を立

警備訓練でのシェルター退避（防衛省、2015年12月25日）

ち上げ、情報収集、通信体制の確保、関係者連絡先の再確認と共有、プレス対応などの要処理事項の確認と役割分担を行った。同日午後には在留邦人に対して注意喚起を行った。

八日の夕刻、衝突が大統領官邸など市内各所に拡大した。九日にはいったん収まったが、一〇日の朝から市内の衝突が本格的に再開し、ジュバ在留邦人を国外退避させる方向で作業を開始した。

†国外退避オペレーション

一〇日から一一日にかけて、国外退避の在留邦人リストを作成するとともに、外務本省やJICA事務所と連絡をとりながら、フライトの手配を進めた。自衛隊施設部隊にも連絡をとり、状況を確認した。一一日にはジュバの危険情報が渡航延期勧告から退避勧告に引き上げられた。一一日晩には政府・IO間で敵対行為の停止が合意・発表され、事態は沈静化し始めた。

一二日は、空港までの陸上輸送の安全性が確認できなかったことなどから国外退避を先送りし、一三日の国外退避を実現すべく、フライトの調整を行った。一二日深夜に至り一三日のチャーター便のJICAによる手配が確認でき、ジュバ市内各所から空港までの陸上輸送計画もJICA事務所とともに作成した。一三日午前、政府軍の警護を得ての陸上輸送を行い、午後にはJICAが手配したチャーター便で、在留邦人約四〇名及び日本の支援事業に携わる外国人の計約九〇名がナイロビに退避した。

一四日午後には、前日の国外退避オペレーションを支援した大使館員数名が、航空自衛隊C－一三〇輸送機でジブチに退避した。

†自衛隊宿営地への一時移動

一連の国外退避オペレーションを終えて、一五日午後に、大使館に残っていた私と若干名の館員は、UNMISS日本隊宿営地に移動した。

七月一五日の日本隊宿営地への移動以降、私は一時的に宿営地に留まり、電話での情報収集、公開情報のフォロー、国連関連会合出席や大使館事務所・宿舎への帰還準備などの作業を行った。七月一一日の敵対行為停止合意以降、ジュバ市内の状況は平穏を取り戻しつつあった。ジュバの状況が相当沈静化したことを確認し、七月二二日に大使館事務所・宿舎に帰還して、通常業務を再開した。

日本隊宿営地では、大使館員・内閣府連絡調整要員を温かく受け入れていただいた。滞在中は、自衛隊の食堂や共同風呂なども他の隊員とともに使わせていただき、支障なく業務や生活を行うことができた。

†教訓と課題

国外退避オペレーションを含む一連の対応を現場で統括して感じたことは、UNMISSや各国の外交団、南スーダン政府の治安機関をはじめとする関係者との日頃の関係構築の重要性である。それまで蓄積した人脈をフルに動員し、結果として特段の問題が発生することもなくジュバ衝突に対処することができた。

ただし、今回の経験から、安全対策・退避施設の拡充や関係機関・部局間の迅速な情報共有体制の整備など、このような危機に一層効果的・効率的に対応するための要改善事項も判明し、早速対応を行っている。危機管理には弛まぬ改善が必要であり、このような事案発生ごとの教訓と課題の洗い出しが重要と考える。

3　安全対策の重要性

†日本の平和構築支援の強化に安全対策は不可欠

南スーダンの前線で、ジュバ衝突を含む諸事件に対処しながら日本の平和構築支援に携わって強く感じたのは、日本の平和構築支援を強化するためには、邦人援助関係者の安全対策という課題に正面から取り組むことが不可欠だということである。

自衛隊、JICA、国際機関、NGOのいずれの支援に際しても、邦人の安全確保が大きな課題となり、活動範囲や活動内容が相当の制約を受けることを余儀なくされる。その一方で、日本以外からは、欧米の先進国を含めて相当多くの関係者が、同じ状況下でUNMISSや国際機関で活躍し、またNGOなどで人道支援活動を行っている。

このような平和構築支援の前線で日本人に何らかの事件が発生した場合には、「そもそも日本人を派遣する形でそのような支援を行う必要があったのか」という点が大きくクローズアップされるだろう。海外での邦人の安全確保は、政府としての最優先事項である。また、特定の支援を日本人が行うことが国益上・人道上不可欠と立証することは難しい。

さらに、日本人を支援の前線に派遣した場合、事件発生のリスクをゼロにすることはほぼ不可能である。結果として、国連や欧米NGOなどが国際基準を踏まえて活動している場所であっても、日本政府・大使館としては、日本人の活動を制約せざるを得なくなってしまう。

この問題を解決するためには、日本人が国際平和協力・平和構築・人道支援といった活動を行う意義について日本国民の理解を深め、一定の国民的・政治的な支持を得るとともに、国際水準ないしそれ以上の安全対策を十二分に確保し、明確に説明できるようにしなければならない。

†安全対策の強化に向けての取り組み

先般のジュバ衝突を受けて、日本の関係者が南スーダンに復帰するために、安全対策の強化に向けての取り組みは着実に進んでいる。

自衛隊の司令部要員は、ジュバ衝突の後、市内からUNMISS宿営地内に宿舎を移動した。

JICAは、ジュバの事務所や宿舎の安全対策・退避施設を増強し、武装警備要員の増員をはじめとする諸措置を実施して、二〇一八年八月に邦人職員のジュバ常駐を再開した。

ＪＩＣＡの事業を実施する企業関係者も、同様に安全対策を格段に強化しつつ、帰還に向けての調査を進めている。

日本のＮＧＯは、同様の問題意識から、二〇一六年八月にＮＧＯ有志団体によるＮＧＯ安全管理イニシアティブ（JaNISS）を立ち上げて、日本のＮＧＯの安全管理能力の向上と政府・メディア・世論への啓発活動を行っている。政府や政党・議員連盟などとの意見交換も積極的に行い、彼らの後押しも受けて、ジャパン・プラットフォーム諸団体のジュバでの安全確認調査が二〇一八年七月に始まった。

なお、南スーダンの国際機関邦人職員は、現在のところ日本政府が支援するジュニア・プロフェッショナル・オフィサー（ＪＰＯ）・国連ボランティア（ＵＮＶ）制度の下では派遣されていない。ただし、我が国の国際機関連携支援などとの関係で派遣ニーズが高まり、かつ十分な安全対策が確認されれば、派遣が検討される可能性があるように思われる。

おわりに——日本の強みを世界に生かす

†平和構築支援は平和国家日本の「世界史的使命」

ここまで、政治プロセス、国連ＰＫＯ、開発支援、人道支援、ＮＧＯ支援といった様々な切り口から、日本が南スーダンの平和構築にどのように貢献してきたかを説明してきた。その中で、分野を横断して共通した「オールジャパン」のアプローチが浮かび上がってきたように思う。それは「自立・自助努力を重視する主要国である日本が関与することで、南スーダンの当事者の努力を後押しするとともに、国際社会との連携・協調を推進するための橋渡しの役割を担う」というものである。

日本は、一九世紀の開国以来、国内の対立を克服して国づくりを推進することで、先進国の仲間入りをした。しかし、国際協調主義を見失い、第二次大戦の惨禍を経験した。戦後は、「平和国家」として発展し、再び世界の主要国になるとともに、アジアの経済発展を支援し、現在の繁栄の実現に大きな役割を果たした。今、世界の平和と繁栄を実現する上で、アフリカが大きな課題となっている。南スーダンは、アフリカに平和を実現するための主要な一事例である。

南スーダンに平和を実現していく上で、現場での実感として、欧米は多額の支援をする善意はあるものの、受ける側から「批判・押しつけ」と受けとめられてしまう言動が目につく。他方、アフリカ自身のやり方で解決すべきという考えも、視点としては正しいものもあるが、国際社会から十分な理解が得られるには至っておらず、資金面でも自立するには至っていない。そのような中で、日本が自らのリソースを効果的に活用してメッセージを伝え、現場で成果を出すことで、南スーダンの人たちを励ますとともに、国際社会との対立を回避して協力を実現することができるように思う。

平和国家、積極的平和主義を掲げている日本が、南スーダンのような国での平和の実現に「オールジャパン」で貢献していくことは、日本の「世界史的使命」とも言えるのではないか。自衛隊施設部隊の派遣は、独立直後から五年余りで終了したが、政治プロセスへの関与やＪＩＣＡや国際機関、ＮＧＯと連携しての支援は継続している。日本の南スーダンへの支援がサクセスストーリーになるよう、様々な支援を効果的に組み合わせていくことが重要である。

ただし、「オールジャパン」という松明《たいまつ》は、日本の関係者を広く巻き込む上では効果的だが、他の支援国・機関を尻込みさせ、遮断させることにつながりかねないという点には注意すべきである。日本の貢献を南スーダンでスケールアップすべく、他の支援国・機関の様々なリソースも活用するためには、「日本」という要素を少し抑え気味にして、南スーダン政府、国民をはじめとする幅広い関係者の問題意識に応えていく枠組作りに貢献することが最も効果的である。先般、三菱ＵＦＪリサーチ＆コンサルティングのセミナーで、「All Japan からの脱却。〝Global Design with Japan〟を展望する」という標語が提示されていたが、私もその方向性に共感している。

†政治プロセス

これから日本の貢献を強化していく上でまず重要なのは、中核となる政治プロセスへの関与である。日本は、当初の政治面での慎重姿勢を転換し、南スーダン自身が主導する国民対話への支援や、政府間開発機構（ＩＧＡＤ）が主導する衝突解決合意再活性化プロセスへの支援に既に踏み出している。

国際社会とアフリカ連合（ＡＵ）、ＩＧＡＤ、そして南スーダンは、引き続き微妙な関係にある。二〇一八年七月、安保理は、米国の主導で対南スーダン武器禁輸制裁を可決した。しかし、これにはAUとIGADの賛同は得られておらず、国際社会内で対立が表面化した。IGAD調停プロセスについては、エチオピア主導からスーダン・ウガンダ主導に移る中、米国などはその行方を注視している。

日本は、引き続き国民対話やIGAD調停プロセスを支援しつつ、国連、AU、IGAD、南スーダン当事者のそれぞれと緊密に対話をすることで、これらの政治プロセスが国際社会の後押しのもとで前進し、敵対行為の停止、経済の安定、暫定政府の円滑な運営と選挙の実施が実現するために、日本ならではの大きな役割を果たすことができるだろう。

†国際平和協力

日本の自衛隊施設部隊のUNMISSへの派遣は、南スーダン政府・国民やUNMISS職員・参加国に大きなインパクトを与えた。私自身、その成果を目の当たりにするとともに、多くの賛辞を耳にした。五年余りの実績を上げてこの派遣は終了することとなったが、実際のところ再度の派遣は期待できない。

自衛隊施設部隊の活動を日々現場で見ていた私としては、今回の派遣が成し遂げた成果が、多くの日本人に必ずしも知られていないのではないかと感じている。折しも、平和安全法制と駆け付け警護の新任務付与、日報問題などが大きく報じられることとなった。他方、南スーダンは退避勧告・渡航延期勧告の危険情報が出され、日本のメディアが現地に入って取材すること自体が困難なこともあり、そもそも自衛隊施設部隊が南スーダンでどのような貢献を行い、どのように評価されていたかについてはあまり報じられることがなかったように思われる。

この本を通じて、UNMISSにおける自衛隊施設部隊や司令部要員の活躍に対する理解が少しでも深まれば嬉しく思う。今後、遠くない将来に、UNMISSへの司令部要員派遣が質・量ともに拡充し、またUNMISS以外の国連PKOへの自衛隊部隊派遣が実現することを期待している。

†人道・開発支援

人道・開発支援の分野では、JICA、国際機関、NGOのいずれについても、人道支援から開発支援への移行、インフラ整備重視、制度・能力構築と人材育成、人間の安全保障とコミュニティの強靭性向上、草の根の和解推進といったアプローチを実践することで、国際社会による対南スーダン人道・開発支援の方向性に前向きな影響を与える潜在性がある。

南スーダンにおいては、欧米の人道支援と比べて資金規模が限定的であるのみならず、邦人の安全確保の観点から現地での日本人の活動が制約されているという課題がある。しかし、戦略的に支援事業を立案して目に見える成果を効果的に発信し、援助協調を効果的に行うなどの工夫をすれば、資金規模をはるかに超えるインパクトにつなげることができる。

さらに、日本人が平和構築支援を行う上での安全対策を強化することで、JICAや日本のNGOなどが、国民の理解を得つつ、現地での活動規模をさらに拡大できるようになることを期待したい。

†南スーダンでの日本に対する評価

これまで述べてきたような日本の総体的な活動が、南スーダンの人たちから高く評価されていたことも、この機会に広く知ってもらいたいと思う。二〇一六年五月、私はジュバ大学から、国際関係論名誉博士号を授与された。これは「日本政府及び国民の対南スーダン人道・開発支援における戦略的アプローチを評価して」与えられたものであり、日本国大使館及びJICAの支援は「南スーダンの主権の尊重と南スーダン国民の文化に対する配慮に特徴づけられている」と付言された。この名誉博士号授与は南スーダン独立後初めてのものであり、南スーダン独立前はジミー・カーター米大統領、ネルソン・マンデラ南

ジュバ大学卒業式で、名誉学長代行のイッガ副大統領から名誉博士号を授与（大使館撮影、2016年５月26日）

アフリカ共和国大統領、コフィー・アナン国連事務総長、ヤーセル・アラファトPLO議長にのみ与えられていたことから、南スーダン側の思いが感じられる。

また、キール大統領は二〇一七年二月二一日の暫定国民議会での施政方針演説で、「安倍晋三日本国総理大臣並びに日本の政府及び国民に対し、開発プログラムや国連安全保障理事会を通じた南スーダン政府及び国民に対する継続的な支援に、私個人として、感謝し、高く評価したい。同様に、私は紀谷昌彦駐南スーダン日本国大使にも感謝している。彼が示した模範的な外交関与の努力は、日本と南スーダンの二国間関係を強化することとなった」という旨発言している。これも、各種支援や安保理制裁

キール大統領への離任挨拶でスピーチ原稿を手交（大使館撮影、2017年9月15日）

をめぐる外交をはじめとするこれまでの貢献を評価しているものである。

私は南スーダンから離任するに際して、現地シンクタンクのエボニー戦略研究センターとスッド研究所、ジュバ大学が企画した二つのセミナーで、「南スーダンの平和と開発を支援する——日本の視点」と「日本の開発経験と南スーダンへの教訓——私見」と題する講演を行い、南スーダン政府と国民に伝えたいメッセージを全て盛り込んだ。シンプルながら最も重要なメッセージは、「南スーダンの持続可能な平和は、南スーダン人自身の自主性と決意を大切にするとともに、国際社会の協力と支援を確保することで、初めて実現できる」というものだ。キール大統領にも、離任挨拶の際に両講演の原稿を手交し、内容を説明した。

日本政府、そして広く日本国民が南スーダンのような国とどう向き合い、その課題にどのように関与するかは、日本のあり方を見直すことでもある。ある意味、南スーダンは、日本が世界の平和についてどう考えるか、どう取り組むかを映し出す鏡、一つの自画像とも言える。南スーダンで日本が自らの強みを生かし、平和の実現への貢献のあり方を探求することを通じて、日本が世界の平和と繁栄に果たし得る新たなフロンティアを開拓していけるよう、現在の自らの立場で引き続き取り組みたい。

最後に、南スーダン在勤時に温かくご支援いただいた政府関係機関及び国会の皆様、アドバイスいただいた元国連事務次長の明石康氏及び東京大学の大沼保昭名誉教授、知的な支援と後押しをいただいた「日本の国際平和協力を考える研究会」の皆様、執筆を励ましてくださったちくま新書の松田健編集長と山本拓氏、そして全てを応援してくれた妻に感謝の気持ちを伝えたい。

南スーダン略年表

西暦	事項
紀元前一八〇〇年頃〜一五〇〇年頃	ヌビア人によるクシュ王国が栄える。
紀元前六世紀	メロエ王国が建国。
紀元四世紀	ノバティア・マクリア・アルワ三王国が建国（キリスト教）。
一六世紀	フンジ王国、ダルフール王国が建国（イスラーム教）。
一八二〇年	オスマン帝国下のエジプトがフンジ王国を征服、統治開始。
一八八一年	マハディの乱。
一八八五年	マハディの乱によりハルツーム陥落、マハディスト統治開始。
一八九九年	英国・エジプト共同統治開始。
一九二二年	英国が南北分断政策を開始。
一九四七年	ジュバ会議で、両スーダン統治機構が統合。
一九五五年	トリト武装蜂起、第一次スーダン内戦開始。
一九五六年	スーダン独立。
一九七二年	アディスアベバ合意、内戦終結。
一九八三年	ジョン・ギャラン大佐がSPLM／Aを設立、第二次スーダン内戦開始。
一九九一年	リアク・マシャールやラム・アコルがSPLM／Aナシール派を形成。
二〇〇二年	SPLM諸派が統合。
二〇〇五年一月	包括和平合意（CPA）署名。
二〇一一年一月	スーダン南部での住民投票。
二〇一一年七月九日	南スーダン独立、UNMISS設立。

二〇一一年一二月	自衛隊司令部要員派遣開始。
二〇一二年一月	自衛隊施設部隊派遣開始。南スーダン原油生産停止。
二〇一三年七月	内閣改造、マシャール副大統領を更迭、イッガ副大統領を指名。
二〇一三年一二月	政治危機。
二〇一四年五月	安保理決議でUNMISSマンデートを国家建設から文民保護に変更。
二〇一五年四月	紀谷、駐南スーダン大使に着任。
二〇一五年七月	オバマ大統領のアディスアベバ訪問、周辺主要国との会談。
二〇一五年八月	衝突解決合意署名。
二〇一六年一月	閣僚配分合意。
二〇一六年四月	マシャール氏ジュバ帰還、国民統一暫定政府成立。
二〇一六年七月七日	ジュバ衝突。
二〇一六年九月	安保理ミッション訪問。
二〇一六年一一月	自衛隊施設部隊第一一次隊（新任務付与）到着。
二〇一六年一二月	安保理武器禁輸・個人制裁強化決議否決。
二〇一七年三月	自衛隊施設部隊撤収決定・発表。
二〇一七年五月	自衛隊施設部隊撤収。
二〇一七年九月	紀谷、駐南スーダン大使離任。
二〇一七年一二月	ハイレベル再活性化フォーラム第一回会合（於アディスアベバ）。
二〇一八年二月	ハイレベル再活性化フォーラム第二回会合（於アディスアベバ）。
二〇一八年六月二七日	ハルツーム宣言に合意。
二〇一八年七月	安保理武器禁輸・個人制裁強化決議採択。
二〇一八年八月五日	暫定政府の体制に係る未解決問題に関する合意署名。
二〇一八年九月	再活性化された衝突解決合意署名。
二〇一八年一一月	再活性化された衝突解決合意の平和記念式典開催。

参考文献

本書を読んで関心を持ってくださった方々のために、実務の観点から有益と思われる本・論文を以下のとおり紹介したい。

南スーダン

紀谷昌彦『南スーダン通信（第一回）～（第一四回）』（在南スーダン日本国大使館ウェブサイト、二〇一五～二〇一七）

宍戸健一『アフリカ紛争国スーダンの復興にかける――復興支援一五〇〇日の記録』（佐伯印刷、二〇一三）

根本かおる（編）『シリーズ「南スーダンからアフリカ開発会議（TICADⅥ）を考える」（一）～（一二）』（国連広報センターブログ、二〇一六）

根本かおる「南スーダンの人道危機の最前線で、世界人道サミットを考える」『シリーズ「今日、そして明日のいのちを救うために――世界人道サミット5月開催」（一〇）』（国連広報センターブログ、二〇一六）

宮本正興、松田素二（編）『改訂新版　新書アフリカ史』（講談社現代新書、二〇一八）
南スーダン・オールジャパン研究会『省庁間・官民連携を通じた日本の国際平和協力を考える――日本の対アフリカ戦略のなかの南スーダン支援』（早稲田大学国際戦略研究所、二〇一六）
Anders Breidlid (ed.), Avelino Androga Said, Astrid Kristine Breidlid (co-eds.) Anne Farren, Yosa Wawa (add.co-eds.), *A Concise History of South Sudan, New and Revised Edition* (Fountain Publishers, 2014)
Andrew S. Natsios, *Sudan, South Sudan, & Darfur: What Everyone Needs to Know* (Oxford University Press, 2012)
Jok Madut Jok, *Breaking Sudan: The Search for Peace* (Oneworld, Publications, 2017)
Hilde F. Johnson, *South Sudan: The Untold Story from Independence to Civil War* (I.B.Tauris, 2016)
Øystein H. Rolandsen, M.W. Daly *A History of South Sudan: From Slavery to Independence* (Cambridge University Press, 2016)
Nicholas Coghlan, *Collapse of a Country: A Diplomat's Memoir of South Sudan* (McGill-Queen's University Press, 2017)

国際平和協力・平和構築

上杉勇司、藤重博美、吉崎知典、本多倫彬（編）『世界に向けたオールジャパン――平和構築・

人道支援・災害救援の新しいかたち』（内外出版、二〇一六）
上杉勇司、藤重博美（編著）『国際平和協力入門――国際社会への貢献と日本の課題』（ミネルヴァ書房、二〇一八）
篠田英朗『平和構築入門――その思想と方法を問いなおす』（ちくま新書、二〇一三）
長谷川祐弘『国連平和構築――紛争のない世界を築くために何が必要か』（日本評論社、二〇一八）
本多倫彬『平和構築の模索――「自衛隊ＰＫＯ派遣」の挑戦と帰結』（内外出版、二〇一七）

国連・開発

紀谷昌彦「日本の国連外交の課題――実務者の観点から」日本国際連合学会編『新たな地球規範と国連（国連研究第一一号）』（国際書院、二〇一〇）
紀谷昌彦「ＯＤＡの現地機能強化を推進するために――バングラデシュ現地ＯＤＡタスクフォースの実践と教訓」（ＧＲＩＰＳ開発フォーラム、二〇〇七）（http://www.grips.ac.jp/forum/pdf07/dp17.pdf）

ちくま新書
1382

南《みなみ》スーダンに平和《へいわ》をつくる
――「オールジャパン」の国際貢献《こくさいこうけん》

二〇一九年一月一〇日 第一刷発行

著者 紀谷昌彦（きや・まさひこ）
発行者 喜入冬子
発行所 株式会社 筑摩書房
東京都台東区蔵前二-五-三 郵便番号一一一-八七五五
電話番号〇三-五六八七-二六〇一（代表）
装幀者 間村俊一
印刷・製本 三松堂印刷 株式会社

ISBN978-4-480-07197-2 C0231

294 デモクラシーの論じ方 ——論争の政治 杉田敦

民主主義、民主的な政治とは何なのか。あまりに基本的と思える問題について、一から考え、デモクラシーにおける対立点や問題点を明らかにする、対話形式の試み。

594 改憲問題 愛敬浩二

戦後憲法はどう機能してきたか。改正でどんな効果が期待できるのか。改憲論議にはこうした実質を問う視角が欠けている。改憲派の思惑と帰結をクールに斬る一冊！

655 政治学の名著30 佐々木毅

古代から現代まで、著者がその政治観を形成する上でたえず傍らにあった名著の数々。選ばれた30冊は混迷を深める時代にこそますます重みを持ち、輝きを放つ。

722 変貌する民主主義 森政稔

民主主義の理想が陳腐なお題目へと堕したのはなぜか。その背景にある現代の思想的変動を解明し、複雑な共存のルールへと変貌する民主主義のリアルな動態を示す。

945 緑の政治ガイドブック ——公正で持続可能な社会をつくる デレク・ウォール 白井和宏訳

原発が大事故を起こし、グローバル資本主義が行き詰まった今の日本で、私たちはどのように社会を変えていけばいいのか。巻末に、鎌仲ひとみ×中沢新一の対談を収録。

974 原発危機　官邸からの証言 福山哲郎

本当に官邸の原発事故対応は失敗だったのか？　当時の官房副長官が、自ら残したノートをもとに緊急事態への取組を徹底検証。知られざる危機の真相を明らかにする。

1013 世界を動かす海賊 竹田いさみ

海賊の出没ポイントは重要な航路に集中する。資源を海外に頼る日本の死活問題。海自や海保の活躍、国際連携、資源や援助……。国際犯罪の真相を多角的にえぐる。

ちくま新書

1185 **台湾とは何か** 野嶋剛

国力において圧倒的な中国・日本との関係を深化させる台湾。日中台の複雑な三角関係を波乱の歴史、台湾の社会・政治状況から解き明かし、日本の針路を提言。

1193 **移民大国アメリカ** 西山隆行

止まるところを知らない中南米移民。その増加への不満がいかに米国社会を蝕みつつあるのか。米国の移民問題の全容を解明し、日本に与える示唆を多角的に分析する。

1195 **「野党」論——何のためにあるのか** 吉田徹

野党は、民主主義をよりよくする上で不可欠のツールだ。そんな野党に多角的な光を当て、来るべき野党を、これからの対立軸を展望する。「賢い有権者」必読の書！

1199 **安保論争** 細谷雄一

平和はいかにして実現可能なのか。安保関連法をめぐる激しい論戦のもと、この重要な問いが忘却されてきた。外交史の観点から、現代のあるべき安全保障を考える。

1211 **ヒラリーの野望——その半生から政策まで** 三輪裕範

嫌われ、夢破れても前へ進む！　ヒラリー・クリントンの生涯における数々の栄光と挫折、思想、人柄、そして夢を、ワシントン在住の著者が克明に描き出す。

1220 **日本の安全保障** 加藤朗

日本の安全保障が転機を迎えている。「積極的平和主義」とは何か？　自国の安全をいかに確保すべきか？　これらの点を現実的に考え、日本が選ぶべき道を示す。

1223 **日本と中国経済——相互交流と衝突の一〇〇年** 梶谷懐

「反日騒動」や「爆買い」は今に始まったことではない。近現代史を振り返ると日中の経済関係はアンビバレントに進んできた。この一〇〇年の政治経済を概観する。

ちくま新書

1236 日本の戦略外交 鈴木美勝

外交取材のエキスパートが読む世界史ゲームのいま。「歴史」の和解と打算、機略縦横の駆け引き、舞台裏で支えるキーマンの素顔……。戦略的リアリズムとは何か！

1238 地方自治講義 今井照

地方自治の原理と歴史から、人口減少やコミュニティ、憲法問題など現在の課題までをわかりやすく解説。市民が自治体を使いこなすための、従来にない地方自治入門。

1241 不平等を考える ――政治理論入門 齋藤純一

格差の拡大がこの社会に致命的な分断をもたらしている。不平等の問題を克服するため、どのような制度を共有すべきか。現代を覆う困難にいどむ、政治思想の基本書。

1258 現代中国入門 光田剛編

あまりにも変化が速い現代中国。その実像を政治史、文化、思想、社会、軍事等の専門家がわかりやすく解説。歴史から最新情勢までバランスよく理解できる入門書。

1262 分解するイギリス ――民主主義モデルの漂流 近藤康史

EU離脱、スコットランド独立――イギリスは政治の機能不全で分解に向かいつつある。もはや英国議会政治は民主主義のモデルたりえないのか。危機の深層に迫る。

1267 ほんとうの憲法 ――戦後日本憲法学批判 篠田英朗

憲法九条や集団的自衛権をめぐる日本の憲法学者の議論はなぜガラパゴス化したのか。歴史的経緯を踏まえ、政治学の立場から国際協調主義による平和構築を訴える。

1299 平成デモクラシー史 清水真人

90年代の統治改革が政治の風景をがらりと変えた。「小泉劇場」から民主党政権を経て「安倍一強」へ。激動の30年を俯瞰し、「平成デモクラシー」の航跡を描く。

ちくま新書

1355
日本が壊れていく
——幼稚な政治、ウソまみれの国
斎藤貴男
「モリ・カケ」問題、官僚の「忖度」、大臣の舌禍事件……。政治の信頼を大きく損ねる事件が、なぜこれほど続くのか？　日本の政治が劣化した真因を考える。

1367
地方都市の持続可能性
——「東京ひとり勝ち」を超えて
田村秀
煮え切らない国の方針に翻弄されてきた全国の自治体。厳しい状況下で地域を盛り上げ、どうブランド力を高めるか。都市の盛衰や従来の議論を踏まえた生き残り策。

900
日本人のためのアフリカ入門
白戸圭一
負のイメージで語られることの多いアフリカ。しかし、それらはどこまで本当か？　メディアの在り方を問い直しつつ「新しいアフリカ」を紹介する異色の入門書。

923
原発と権力
——戦後から辿る支配者の系譜
山岡淳一郎
戦後日本の権力者を語る際、欠かすことができない原子力。なぜ、彼らはそれに夢を託し、推進していったのか。忘れ去られていた歴史の暗部を解き明かす一冊。

1362
沖縄報道
——日本のジャーナリズムの現在
山田健太
オスプレイは「不時着（読売・産経）」したのか「墜落（沖縄紙）」したのか——。沖縄をめぐる報道から、偏向、分断、ヘイトが生まれる構造を解き明かす。

1250
憲法サバイバル
——「憲法・戦争・天皇」をめぐる四つの対談
ちくま新書編集部編
施行から70年が経とうとしている日本国憲法。改憲論議も巻き起こり、改めてそのあり方が問われている。問題の本質はどこにあるのか？　憲法をめぐる白熱の対談集。

1265
僕らの社会主義
國分功一郎
山崎亮
いま再びグランド・セオリーが必要とされているのではないか？　マルクス主義とは別の「あったかもしれない社会主義」の可能性について気鋭の論客が語り尽くす。